U0896107

雷致青散文集

海风出版社
HAIFENG PUBLISHING HOUSE

艰辛人生的真诚纪录

朱谷忠

这是一个对我来说并不陌生的作者。十几年前我曾在《福建日报》等报刊上读过他的散文和纪实文学。不久前，他即将付梓的散文集《心之野》请人送我，我几次想去翻阅却被意外的事务搅扰。直到某日的夜里，想起友人的嘱托才开始阅读这本书。不想这一翻就翻到了大半夜，竟深深地被作者的生活经历与文思所吸引。原来这不是一本单纯标花宠草的文字，而是作者，曾经的文学爱好者的艰辛人生真诚的记录。这个记录，缘于他曾经的文学梦想和少年时代就开始的探求。

作者出生于闽中山区的一座畲族乡村，童年开始就饱受贫穷的煎熬，靠着自己的坚强毅力走出了封闭的群山。之后当兵到部队，在大熔炉里历炼，成为一名军官和记者。难能可贵的是，转业之后到行政部门，一步一个脚印，不管在哪个层级上工作，他都没有放弃阅读和写作，总能够用心去触摸，用灵魂去思索，从社会生活的角度里寻找过往经历的真知，提炼出自己的独特感受。

对大多数非专业作家来说，凭着对文学的一腔热情，把自己的人生所呈现的五彩斑斓、酸甜苦辣用文学的视角进行归纳，是对自己心灵积累的再一次丰富的过程。更重要的是，从雷致青的散文中不难看出，他接受最多且难忘怀的正是无所不在的农耕文明的熏陶。在这本集子中，特别动人的是他对乡村生活的回忆，对父母对妻子恩情的叙述，常常给人一种回肠九转的感觉。特别在细节与文字方面，他的观察入微的描写，都会让读者从中体会乡野的恩惠与嬗变，人世的欢乐与悲伤。虽然，他早期的写实人生突出他在生活中的种种遭遇，却哀而不伤，所开出的思想和心灵的花朵，朴实无华厚实茁壮！后期的散文状物写景，信手拈来，抒怀言志，能从细小的枝节上拈出饱满的人生果实，给人鲜活的体味。

一个人的一生很短，文字却可以延长生命的尺度，大师如此，小人物的低吟浅唱也一样不可忽略。雷致青这本集子，就是一个说明。阅读全书，我深觉这本散文集无疑是一部性情之作。故人、故土、故事在他的文字中，都是隐秘的矿脉，似乎随便一挖就有宝藏在等着他去发现。特别当生活呈现出不着边际的悬浮状态时，有质感的时间和空间，温暖的文字和叙述就越发难得。评论家谢友顺说过："感官、记忆、在场感，作为写作的母体与源泉，在任何时候都是语言的质感、真实感和存在感的重要依据。"在《心之野》中，读者无疑看到了许多生活的现场、大地的细节和故土的记忆。这种"向下的写作"是需要生活和文字的双重沉淀和酝酿的。从故乡的九百二十七级台阶、清溪十八潭到茅店村的霜花、月光，老宅晚宴，从童年的艰辛、生活的困顿、疾病的折磨到亲情的慰藉，在朴素的文字中，无不流溢着浓烈的情愫。在《心之野》的诸多段落里，隐约有惆怅在涌动。这些惆怅，因遥远的记忆，因远逝的亲人，因消失的故园，也因一场落雪，一阵太阳雨，一脉古径，一袭长风，一季光阴。“故乡的矮墙里，透出依稀的窗口，收藏着你的童年。斜阳把季节握在掌心，给日子发放通行证。一群雀儿紧拽着秋的衣角，衔着一帘幽梦，把阳光剪成碎片嬉戏。……老树伸出慈父般苍劲的手，拽住你的胳膊，把一串叮咛深情嘱咐……”所有的情感似乎都在这样的描摹中复活了。沿着记忆的通道重返过去，一切都呈现出美好的状态。在他的文集中类似的描写还有许多，让人印象深刻。

不过，以我看来，雷致青的这本散文集也存在不足之处，诸如纯粹的记述过多，深切的体悟能进一步升华的较少；想到就写的多，有时显得过于直率，缺乏精准的取舍；还有些文字不够洗练，意趣似有重复。但若能学之以恒、写之以恒，相信他在今后当会写出更多富有质感的作品。

（作者系省作协副主席，一级作家）

目录

辑一

岁月屐痕：人生写真系列

把沧桑研磨成粉，汇入生命的年轮，磨难留给人生的就不再是疤痕，而是蓬勃向上、一路向前的标记。

——《心野摆渡》

人生的禅道

我似乎破译了祖先的某种禅机：那九百二十七级台阶必是先人为我们选下的人生禅道，那将是子孙们的一笔挥霍不完的财富！

一脉拾级而上的石径连接着迤逦的山路，从山谷底缠绕着古莽叠嶂的苍山，时而隐进浓荫，时而跃出峦翼，时而悬于绝壁，柔韧而又倔犟地攀援而上，伸到了山腰，伸进了一个叫石牌的畲族自然村。

这条维系山里人生存方式与命运的大动脉，因其长，因其陡，因其曲，被誉为“羊屎溜”（羊拉的屎一下就溜下去了）、“鬼见愁”。

数百年了，岁月的风雨雕琢着，无尽的足迹叩击着，咸涩的汗水浸泡着，在千仞深山里呈现出化石般景观。

在人生的长路中，这条曲径在我生命记忆里凿下了终生难忘的印记。

我的父辈祖祖代代生活在这里。因了“地无三丈平，田挂山岭间，开门即见山，出门便下山”的自然环境，上下九百二十七级台阶几乎成了每天必做的功课。在山一方，柴禾要到山底下去捡去挑。化肥、农药和生活必需品要下到涧底，翻过对面高山，从二十里外的乡间挑回。种在谷底的稻谷、番茄、芋头等农作物，要一担一担地往回运。送征购，粜大米，卖烤烟，售竹子，运木料，要经涧底，沿清溪出关去县城。可以说，这九百二十七级台阶，印记着畲家人的磨难与血泪，也凝聚着家乡人的辛劳与希冀。

我的童年是伴随着这条山路度过的。儿时，母亲奔命于农活，我常被她绑在背上，上上下下地颠着，在吱吱呀呀的肩担声中栉风沐雨，母亲身上散发出的带有奶香的热气，脖子上溢出的油渍渍的汗水以及因负重劳累而发出的哼哼声，给了我最初的人生感受。稍大一点，便光着脚丫子和姐姐一道，赶着羊群和牛产队里的牛，徜徉在这条逶迤的山路上。那时，生产队的田地和我家的山地大部分在山底下，父亲每天早出晚归，我和姐姐轮流着几乎每天都要下山送一次午饭。

记得那是春寒料峭的一天，我冒雨送饭行至六百多级台阶时，恰遇一声炸雷和一阵狂风，惊恐之下脚底一滑，连人带篮子滚下了好几级台阶，结果碗摔破了，瓦罐碎了，饭菜全倒了。这可不得了！我哭着爬起来，来不及抹去头上磕出的血，急忙从路边摘片山芋叶，一把一把地把沾着尘土沙粒的饭菜掏起来。当我一把鼻涕一把泪地把残羹剩饭送到父亲面前，准备着挨揍时，父亲却落泪了。他从衣上撕下一块布片，为我拭去血迹，把我紧紧揽在怀里。那顿饭，父亲没有吃，只喝了几口山泉，又上工去了。我敲着自己的脑袋，好悔啊！

上学以后，我不那么经常走这条山路了，可每逢星期日，照例要同母亲和姐姐下山，过涧去拾柴禾，或扛一根木头，或挑一担干柴回家。

酷热的夏天来了，放了暑假的我便面临着一场炼狱。为了减轻母亲的负担，我跟着姐姐或是邻居的孩子们下山，先是砍一批小树木让其晒干，而后捆成团。接下去的日子便是连着往山上挑，那可真累啊！毒辣辣的炎日当头照着，肩上压着沉沉的担子，一步一颤地往上挪，口里不住地喘着粗气，胸腔如同拉着风箱，汗水如泉，浑身躁热，肩胛上火辣辣的，腿肚子抽筋般疼痛。

最苦的要数上台阶了。一百，二百，三百……每每踏上这条台阶，我在心里就诅咒这该死的山路：这鬼见愁，何时是个头啊！命运为啥这般苦，自己怎就生在这鬼地方呢？一时性起，索性把柴禾丢在一边，躺倒路边树荫下。

天上丽日当空，白云悠悠，几只苍鹰搏击长空，远处天边飘过一片游云，状似王子狩猎，此情此景勾起我的遐想：这大山忒憋闷、忒闭塞了，这鬼见愁忒劳人心志、苦人肌肤了，这路何时走到头，何时才能走出这大山啊！想着想着，一股委屈、悲怆不禁袭上心头，两行清泪不觉落了下来……

“走啰！”刚缓过气来，前面的队伍又动起来了。赶紧趴在石壁上一泓泉眼里汲上几口，又上路了。就这么着，半月下来，肩膀红肿了；脚板上的血泡破了又长；人瘦了，皮黑了，家里的走廊上硬是堆起了小山一样的柴禾，够烧一个冬春。

春华秋实，这“羊屎溜”便是最喧嚣的时节。地里的庄稼要收了，所有的劳力都上了场。我每天傍晚放学回来要做的一件事，便是带弟妹赶到山底下，去为父亲接担子（为父亲分担一点担子里的粮食）。

秋日的斜阳染料一般洒在峰回路转的山路上，裸着上身，只穿个裤衩的汉子们肩上搭一条毛巾，挑着沉甸甸的担子，拄着拐棍，组成了一条动人的输送带。扁担负重弹动发出的节奏声和着汉子们从心底里呵出的号子，组成了一组雄浑而又深沉的交响乐。我夹杂在他们当中，看着斜阳下一尊尊泛着金色光泽如同塑像的身躯，看着他们一步一个脚印，脚不颤、头不低，不时为丰收而充满快意，偶尔传出爽朗的笑声，我被这个团体不屈不挠、坚韧不拔的形象与神情所感染、感动，也分享到了一种劳作所带来的特有乐趣。从他们身上，我看到了家乡父老乡亲身上那种藐视一切困苦的坚忍执着、勤奋进取的抗争精神和人生境界，也读懂了家乡人与这条曲径切割不断的深沉情结。我相信，走过这条曲径的汉子，再没有什么艰难险阻能难倒他们。走过这条曲径

的山里人，才有资格以其内在的素质与实力走出大山，走向生活！

于是，我不由对这条曲径肃然起敬。是的，山路弯弯，如同一台万能的生活磨床，让人铸炼了品格，磨砺了志向，锻造了坚韧，内化了进取。一句话，它给了畲族子民坚韧不拔、发愤图强的基因与胎记！我是幸运的，上苍把我降生在这里，恰是赐予了我一个锻炼体魄，熏陶情操，净化灵魂的机遇！

几年之后，我有幸成为一名共和国的军人。在那火热的军营里，无论是在野营拉练长途奔袭的途中，还是在渡海登陆演习场上，无论是精神上的疲惫，还是肉体上所承受的病魔折磨，我始终没有趴下、退却、消沉和慵懒。相反，我时时感受到一种内在的搏动和昭戒。我以为，这主要得益于那一段艰难的岁月，得益于那九百二十七级台阶的砥砺。

多少年后，我回乡探亲，每次都要重走那条山路，重爬那九百二十七级台阶。它成了我的人生禅道。每走一回都能领略到它那友人般的真诚，哲人似的睿智和启人深思的灵性。走在那条路上，多少艰难困苦，挫折曲折便不在话下；

走在那条路上，多少人生困顿、失意的阴霾便烟消雾散，多少虚有功名便不再缱绻留恋。

值得一提的是，几年前我有幸看到一卷畲族族谱，对那条婉蜒的曲径又多了一层理性的思考。

畲族，据族谱记载，曾是皇亲国戚。记不清哪个朝代了，畲族祖先曾因卫国征番有功被招为附马，官居要职，后因厌倦宫廷及朝廷明争暗斗的仕途生涯，提出过休闲的平民生活。经皇上允准，迁徙于广东潮州凤凰城。随着改朝换代，煊赫身世逐渐消失，家道中落后，其子民便流落四方。于是，便有一个分支到了这个大山皱褶的山窝子。

不知是天意，还是偶合，祖先选址石牌这个“鬼见愁”，是否意识到了那已侵入子民血液中的厌世慵懒基因？青睐这古莽苍凉的九百二十七级台阶，是否要苦其心志，劳其肌肤，重塑往日那种剽悍、无畏、坚韧与进取的民族精神？我为此不敢懈怠。我的心灵再次受到震荡，灵魂再次受到提点！我似乎破译了祖先的某种禅机：那九百二十七级台阶必是先人为我们选下的人生禅道，那将是子孙们的一笔挥霍不完的财富！

田园牧歌

我把脚伸进冒着热气、带着牛的体温的粪便，一阵温暖从脚底传来。7头牛每隔一会拉一堆屎，我便暖一次脚，也算是一种抚慰了。

山窝子里的冬天寒风凛冽。瓦楞、草垛上的霜，白花花一片。田野、水沟结着厚厚的冰，扔一块石头，听得“啪”的一声，才破了一个洞。潮湿的泥路上像草菇一样拱起一片片冰碴子，含有水珠的毛毛草结满了一串串晶莹剔透的冰凌。

学校“停课闹革命”，12岁的我，从姐姐手中接过牛鞭，放牧生产队的7头牛，给家里赚着这份接近一个强劳力一年所能挣的工分。

太阳升到一杆子高，就要赶牛下山了。

那会儿，家里穷，买不起鞋，大人孩子出山干活，全得打赤脚。天寒地冻，脚踏在冰冷的地上，一下就冻红了。寒冷与刺痛从脚底袭来，身上不时打起寒噤。好在每次把牛放出，几头牛像是动了恻隐之心，每隔一会儿便拉出一堆屎来。我把脚伸进冒着热气、带着牛的体温的粪便，一阵温暖从脚底传来。7头牛每隔一会拉一堆屎，我便暖一次脚，也算是一种抚慰了。到了山底下，脚已不觉冰冷，只有一种麻木的胀痛。

“哎，今儿把牛赶到马头里吧？”先期到达的雪香招呼着。她往手上呵着热气，脸蛋冻得通红，脚不住地跺着。她放的三队的几头牛，已在涧底的田埂边啃开了草皮。

我搓搓手，“嗯啦”一声算是回应。便把牛往马头里方向赶去。

冬日的田野灰褐褐一片。禾茬子耷拉着脑袋，田埂上的茅草枯萎倒伏着，不远处隔三差五摞着一堆堆的稻草垛，几只山雀正把尖嘴凿进草中觅食。我和雪香把牛赶进马头里山湾，剩下的光景便是自由自在的，也是放牛娃一年四季中最为清闲、最为惬意的日子了。

我们先在一块大石头上晒了一会儿太阳，待气温稍暖和些，便来到那草垛旁，把干稻草挪开，围成一个四合院式的小窝，而后“住”在里面，躲避干冷寒风的袭击。此时，太阳升得很高了，温暖的阳光洒在“四合院”上，释放着一种宜人的温热。草垛上的霜开始融化，发胀的双脚开始发痒，我们用力搓揉着，不让冻疮长成。两小无猜的伙伴依偎在那个属于他们的世界里，交谈着，争论着。有时，在地上画一个六子棋盘，折一段枝条作棋子对弈，谁要输了，便被刮一回鼻子。

临近中午，两人便分头出动，到田间去寻找农户冬天里未挖回去的番茄和芋头，把干稻草码成堆，把洗净的番茄和山芋放到燃着的稻草堆里。个把小时后，烤番茄和芋头便熟透了，用棍子扒开灼热的草木炭，黑不溜秋的番茄和芋头便滚了出来。掰去烧焦的一层皮，一股纯正的香味扑鼻而来。于是，一顿香甜的午餐便摆在了面前。两小伙伴吃着吃着，不时发现对方嘴唇上一片黑灰，如同长了一撮胡子，扑哧一声笑了，相互拭去黑迹。

吃过午饭，雪香照例要到小溪里用山芋叶掬来一捧清泉给我。清冽的山泉在那片叶子上荡来荡去，如同流萤，漂亮极了。

“喝呀！”雪香见我盯着那涌动的液体发呆，催促着。我的嘴对着芋叶缺口，吸了进去，只觉一阵冰凉从喉头直灌进心肠。不过，那种凉晶晶的感觉还是顶舒适的。

当午的太阳照在田坂、山湾里，热烘烘，暖融融。早晨穿上的衣服不得不脱了。离找牛回家还有三四个小时，我们有着足够玩的时间。每每这时，雪香总是上山拾柴禾，或是拔猪菜去了。我呢，上山采集树籽或谢花的芦苇，带回去捆毛扫把。有时，两人一起沿溪去寻找一种可以消除疲乏，药名叫“淫羊藿”的草药，以便逢年过节时家人炖鸡鸭“吃补”。

这些活动中，最难忘的要数堵涧盘鱼了。这常常是我的

主意。在我们家乡的田间里有着一条条的小涧，淙淙流水随着地势高低冲积成一个个坑坑洼洼。长年累月里，这小涧里生长着只有脚拇指大小、身上有着彩色条纹的小鱼，还有黄鳝、泥鳅和田螺，石隙中有时还有一种弹跳力极好的田蛙。我们在小涧的上游用泥石垒起坝来，让涧水改道，而后用家里带来的铁勺，把下游坑洼里的水淘干。淘上个把钟头，小洼里的鱼儿渐渐有了危机感，扑腾腾地跳跃着，在浑浊的泥水里钻来钻去。我让雪香把桶拎来，顺势把彩条鱼捞上来，再把滑头滑脑的黄鳝、泥鳅舀到桶里。

忙乎了一个下午，总算有了丰盛的“战利品”。桶里的彩条鱼足有几十只，黄鳝、泥鳅不计其数。一只还处在冬眠的田蛙睁着惺忪的睡眼，正待蹬腿逃离，却被我一把按住，成了“俘虏”。淘水中，两人身上、脸上沾满了泥巴，为了逃过父母的责骂，我们一并把身上的泥斑洗净。处理“战利品”时，雪香总是不要的。为了体现按劳分配的原则，我坚持要一分为二。争执中，雪香盛情难却，便不再推却：“那就分点泥鳅、田螺给我吧，反正你喜欢彩条鱼。”我从沟里割来山芋叶，把桶里的东西作了分配。

此时，太阳开始西斜，要去找牛了。失控一天的牛，在啥地方，要找到有时是要费一番工夫的。有的牛跑得无踪无影，有的躲在草丛里，你得像侦察员一样颠前跑后地找寻。有一次，我的那头黑牛牯不知去向，我山上山下，湾里湾外找了四五遍，也未见头尾。天快黑了，我急得差点哭了。好在雪香此时总比我镇静。她劝我别急，站在一个开阔地上，面对着草木萋萋的山上，耐心地观察着。许久，她终于叫了起来："找到了，找到了！"看到半山腰上有一处草丛在微微晃动，断定牛牯一定躲在里边。她径直向山上奔去，果然找到这该死的"调皮蛋！"我狠狠地抽了几鞭，这畜生"哞哞"地叫着，狂奔着赶上了队伍。

冬末初春，田野开始泛青。经过霜打的枯草被春风吹过，争先恐后吐出鲜嫩绿芯。气温开始回暖，这个时候，牛是最长膘的，吃着鲜美、幼嫩的青草，农活尚未开始，一天天下来，身子肥了，毛也油腻腻的。这时候，我们在田野里已找不到番茹和芋头，只能带些冷饭作午餐。闲得无聊时，我的盘鱼玩兴又来了。雪香推辞不过，也只好跟着打下手。

然而，也有乐极生悲的时候。还是那条黑牛牯闯的祸。一天上午，这"倒霉蛋"被二队的一头发情的母牛勾引着，没有上山，而是沿着山底大路走了去。这畜生先是到大坪里的田园里吃了人家的菜苗，而后，悠悠然，乘人不备，逛到契垳田湾里，把几畦麦苗全给吃光了。麦主发现，气得把牛牵回，重重地打了一番，便找到了我的家中。

这下闯了大祸。我和雪香在山底找了半天，直到摸黑也未找到那头该死的黑牛牯。看看天色已黑，只好把牛先赶回来。

父亲已在村口。看着父亲凶神恶煞的样子，我的心提到了嗓子眼上。待把牛关好，父亲便像老鹰抓小鸡一样把我拎到家里。

“你这畜生，死到哪里去了！”父亲一把夺过我手中的桶重重地摔在地上。“啪”，桶破了，彩条鱼如同大难临头，逃命般挣扎跳跃着。父亲从墙上拔下那根“家法”竹鞭，劈头盖脸地落在我的身上。我哭叫着，缩成一团，脸上、手上、身上立刻起了一个个红斑，钻心地痛。原来，那家人在下午五点时就找到我家里，诉说了巨大损失。父亲自知理亏，万般赔不是，并答应按产量赔给麦子。

受了皮肉之苦的我，躺在柴堆里哭泣着，抚摸着身上星星点点红肿之处，说不出的悔恨与悲哀。弟弟妹妹找到我，拖我去吃晚饭。此时的我不知怎么来了一股牛脾气，任弟妹怎么拖拉死也不去。这时，我听到母亲与父亲争吵着。

过了许久，母亲来到我的身边，她用围裙擦去我的泪水，抚摸着我脸上、手上的红肿之处，也哭了。她泣不成声地说：“孩子，咱赔不起啊。那牛也恁毒的，也不能全怪你。”母亲把我揽在怀里。我呜呜地哭了，所有委屈都奔涌而出：“妈，我以后再不敢了！”

第二天，雪香看到我的脸上、手上有着许多红斑，知我受苦了。她的眼眶红了，喃喃道：“都怪我，昨天要是我阻拦你，兴许就不会出这种事了”。我感激地望了她一眼，什么也没说。两人默默地走了许久，我终于开口了：“雪香姐，我以后再也不贪玩了，看来做啥事都得有责任心啊！”

从那以后，我似乎长大了许多，童年的快乐至此也告一段落了。

到了这年的秋天，学校“复课闹革命”，我又回到了学校。然而，那段充满欢乐而又带着苦涩的日子，却刻骨铭心地缀在我的人生记事册里。

风雨如磐的记忆

在那个文化高度贫乏的年代，这个剪贴本不啻于一片春天的绿荫，给我带来无尽的滋润和美好的向往，也在我幼小的心灵播下了最初的审美灵动。

童年是一个魔方。有时一桩不经意的事，无形之中影响了你的一生。记不清是上世纪五十年代哪年哪月了，母亲从公社供销社买了虾米鱼蚵回来。包裹这些干货的旧报纸被我捡起，正准备用来折叠玩具，一股鱼腥味令我好奇地凑近闻闻，偶尔看到报纸的一端有一组诗歌和一篇散文诗，报头印着“《文汇报》文艺副刊”的字样。

正读四年级的我马上意识到这可是“好货”，立马收藏并连夜品读。其中题为《在大树下》的散文诗，写下乡知青火热生活，特别优美。几天后，老师恰好布置一篇题为《在村口的大树下》的作文，我暗中窃喜，“抄”了报纸上的一些优美词句充实到一些段落，我的作文得到老师的高度赞赏。好词好句的下方被红笔打了圈圈点点，还写了一大段称赞的评语。

对于一个孩子，这不啻于“捡来”的惊喜。由此，我对报纸有了特殊的爱好，尤其对各种报纸文艺副刊之类更是视若至宝。可是，此后每每找到种种包装报纸，却再未发现“好货”。看来，“好运”不过流星一般，也不是每每光顾的呀。尽管如此，不能不说，在老师“红圈圈”的魔力下，我的作文兴趣和“标准”被提起来了。

我的老家坐落在一个叫石牌村的极其偏僻的大山皱褶处。在那所由旧油坊改成的小学读完三年级，我就要转到八九里外的公社所在地去读高年级了。从畲村到新的学校，要翻过一座几百级台阶的山岭，穿过一片坟地，涉及一片田垅和石墩路“洋中”，单程得走个把小时。村里当时有四个同年级娃儿，其他仨住在人口比较集中叫“里厝”的自然村，我家则在比较偏远的弓竹湾。每天上学要么赶早跟他们同行，稍晚就得“落单”，大部分情况是独来独往的。一个十岁的孩了背着书包带着饭，每天打着赤脚踽踽独行，来回翻山越岭，脚上长出了厚厚的老茧。尽管山高路远，但我基本风雨无阻，每天都赶在早自修前到校，很少有过迟到的时候。

已过白露时节，打着赤脚已觉冰冷。母亲见我脚上不时磨出血泡，挑了柴禾含辛茹苦到公社集镇“官垱街”卖了，给我买了一双雨鞋。我好生珍爱，这下雨天冷天脚可“享福”了。可没想到，就是这双鞋把我“害”惨了。那是这年的最后一次台风来临，罕见的倾盆大雨彻夜袭击着山乡，冲垮了驳岸和山间道路。狂风摧枯拉朽，折断钵头粗的树木，掀翻了村里许多老屋瓦片，连村口风水树上的几个硕大鸟窝也不见了踪影。翌日一早，雨虽小了，天却阴得出奇，随着闪电的明灭，闷雷一阵滚过一阵。

已到上学时间，父亲见我拿着书包走出房间，拦住说：“今天不要去了。老师肯定不会来的。”我看看天，雨还不是很大，把书包挎上肩：“老师住在学校，肯定会来。”正说着呢，母亲赶出来一声断喝：“没看天呀，还去！”一扯就把书包扯下。我抓住书包不放，不知是一种逆反心理还是怎的，父母的阻拦反而坚定了我的决心。从草房拿了件雨衣，就要坚决上路。拗不过我的牛脾气，父亲终于做了让步，让我穿上雨鞋走了。

走出家门不久，天渐渐暗了下来。时密时疏的雨开始轮番袭来。走到里厝问那仨同学有没去学校，才知还在被窝里。这下有点后悔了。看看天空，一记炸雷让我打了一个寒颤。然而，开弓没有回头箭，既已走出也只好硬着头皮走了。我顶风冒雨前行，像一只蚂蚁在泥泞中跋涉了个把钟头才赶到学校。

学校里寂静无声，班级空无一人！“怎么都没来呀？”我脱下雨衣等了好久，也未见一个人影。好在一个住校老师的孩子与我同学，做了一会伙伴。窗外，瓢泼大雨紧锣密鼓地下着，操场上溅起白茫茫的水花，屋檐上的雨水水帘般倾泻。我索然无味，在教室呆不住了，就怯生生地跟着老师的孩子到楼上走廊转悠。经过了学校阅览室，门虚掩着，往里瞧时见到报架上有许多报纸。“有报纸”，我脑子一激灵正想多瞧几眼，

一个老师拿着炖罐过来了。我连忙闪到一旁，老师还是看见了我："哇，你今天还来呀，淋到雨了吗？"我支支吾吾半天答不上话。老师说今天不上课了，这么大雨你这会也回不去，就在班上做做作业吧。我点点头，算是回答。待老师走到厨房，回到宿舍，已在廊道上溜达了许久的我，见四周并无动静，便猫一般闪入阅览室。把门掩上，蹲在门后好一会儿，按住狂跳的心，做贼一般快速观察着报架上的报夹。

"《文汇报》"，我差点叫出声来。赶忙取下那个厚厚的报夹，缩回墙角。这是近一个月的报纸，翻着翻着找到文艺副刊，很快发现"好料"。原想拿笔抄写这些诗歌，可太费时间，又想在报纸上抠取诗歌、散文诗类"豆腐块"，后一想，这样破坏性选取容易引起夹报人警惕导致"清查"。想来想去，最后还是想着采取截取副刊那半张版面的做法。此时天色晦暗，铺天盖地的雨下个不停，仿佛为我打着掩护，四周静极了。我在紧张惶恐中，小心翼翼地把报夹上已属"旧"报的前半月两个半张副刊报纸卸下，并迅速把其余报纸整理恢复原样放回报架。当把"好料"折好塞进怀里，准备离开时，一眼瞥见墙角有一堆落满灰尘的旧报纸。走近翻开一看，顿时兴奋

不已：这一叠旧报纸有去年以来的《文汇报》！

真可谓踏破铁鞋无觅处，得来全不费工夫！再次狂按着忐忑心跳，我三下五去二，按顺序照老方法很快就把载有《文汇报》副刊的那些页码挑了出来。时间一分一秒过去，也不知过了多久，“好料”被基本整出。恰在准备收摊之际，一阵狂风卷来，虚掩的门被重重洞开，击打在门后油印机台桌上。“砰”地一声，吓得我心脏差点跳了出来！我本能地站了起来，只觉脑子一阵空白，燥热袭击全身。还好是风！下意识告诉我，此地不可久留，必须赶快退出，转移“战利品”！我迅疾把收集的旧报纸折好“贴”在胸前，挪到门口，拉开一条缝，观察廊道四周动静，只有风声雨声！我便幽灵般一溜烟转到班上，迅速把“战利品”放进书包，才长长舒了一口气。

此时已近中午时分，住校老师带着家属孩子来到食堂吃午饭了。直到此时我才觉得饥肠辘辘，口干舌燥，背上一片冷汗。可想到今天的意外收获，却又兴奋不已。老师们吃过午饭过来，看到班上的我独自一人抱着书，得知既没带饭，也没蒸饭，就叫伙房大妈看看有没吃的给我一点。工友大妈给了我一条蒸熟的番薯。我感激万分。回到班上慢慢品尝，竟觉人世间最好的情分和最丰富的美食都在其中了。

下午，暴雨时歇时骤，有几次我曾准备返回，可一走到屋檐下竟又狂风大作暴雨疯狂。天上乌云越压越低，操场外灰蒙蒙的，雨点溅在石板上发出令人揪心的烦躁。什么时候雨才停啊，无奈中我只好回到教室等待。此时老师已在午休，阅览室还是空无一人。百无聊赖中，我再次折回阅览室，翻看报夹。翻着翻着，竟又发现“新大陆”：这里有《福建日报》文艺副刊“武夷山下”！我旋即又进入一种亢奋状态。当月的报纸不敢再下手，我便照着上午样子，把墙角那堆发黄的旧报再翻出来，把“武夷山下”文艺副刊载有诗歌、散文、杂文的页码“筛选”出来。昏暗的光线下，我像一个拾荒者，心系十五个吊桶七上八下，等把“好料”挑出，再把旧报纸“原封不动”地整理好放回原位。估摸着天色不早，我很快藏好“战利品”回到班上。此时天色渐暗，雨还下个不停。一阵狂风裹挟雨水，打进班上几片破了的玻璃窗，身上不禁起了鸡皮疙瘩。这雨看来一时半刻也停不了。怎么办？我急得差点哭了出来。

不能再等了，再等就看不见回家的路了。紧急中，我不顾一切穿着雨衣冲进了风雨飘摇的世界。如注的急雨透过薄薄的雨衣打在身上，我深一脚浅一脚在泥泞坑洼的路上往家赶。雨鞋早已进水，狂风不时掀开头上雨衣，劈头盖脑地灌进雨水，全身已经湿透。为了保护书包和那些“战利品”，我下意识躬身前行。连续的暴雨，使得学校通往“洋中”的那段石墩路几近汪洋。许多地方溪水漫过路面，稍有不慎踩空落入坑沟后果不堪设想。我又急又怕，在濛濛迷雾中全神贯注踏石认路，总算走过了那片汪洋。

到了大队部石舫前，要过那片田垅了。平时，走过这段水田中的路还算不难的，无非有些泥泞和坑洼而已。可今天这里却成了一个水汪汪的“渡口”！天色愈来愈暗，心急如焚的我已没有退路，必须抓紧蹚过去。我脱去雨鞋，卷起裤脚，把雨鞋和书包抱在胸前向“渡口”挺进。不知是老天故意作对还是咋的，正待冲过那个汹涌的缺口，一道强烈闪电伴随惊天炸雷突然撕裂长空，大地一片惨白！我被耀眼的炽白和轰鸣惊厥，踩空了脚步，一下子摔下已是汪洋的路旁水田。我在泥水里挣扎着往边上靠，可烂泥田的水位已没过胸部，只能本能地把书包举高一步一步往边沿挪。经过几分钟的挣扎，终于爬到路上，一身泥水顺着裤裆冰凉而下。

等我定下神来，一摸书包还在。可是，崭新的雨鞋只剩了一只！完了，还有一只呢？我哭了起来，想再下去找，可洪水浑浊，那片水田大人说过多有烂泥坑，深不可测，万一下去掉进烂泥坑就没命了。再说鞋子遗失在哪根本就摸不到啊。想来想去，只好擦干眼泪，洗去身上泥水，赶快回家。也算奇迹，落水时书包刚好被雨衣包裹住，还没全湿透。于是我干脆就用雨衣紧紧包住书包，反正身上已经全湿就任由狂雨冲刷吧。

天渐渐暗下来，我顾不得疲惫，快步爬上山岭，经过那座阴森森的破庙，穿过那片黑黝黝的树林，越过列排于路边的一片坟场，我几乎是憋着一口气，一路小跑走完那条坎坷山路。那时已不知什么叫害怕和劳累。脑子里唯一想的是掉了一只鞋，到家后将会承受何种家法“伺候”。

掌灯时分，雨停了。我跌跌撞撞回到了家。父亲早已在门前张望。见我一身泥水既心疼又开骂：“你这檐头仔（骂人话），叫你今天别去还偏去，等着挨揍！”他挥动巴掌：“还不死去换衣服！”却未见巴掌落下来。母亲从灶间出来，见我浑身上下落汤鸡样，气不打一处来。见我手上只有一只雨鞋，喝道：“还有一只鞋呢？”我低下头，没能回答，眼泪止不住潸然而下。这下母亲火了，一把抢过我的书包扔到猪草堆上。我知道，这双鞋渗透着母亲劳作的心血和疼爱，本是万万丢不得的呀。可我却白生生地把它丢了。我在极度懊悔和惊恐中一把从草堆上抢回书包，紧紧抱在怀里缩在墙角，母亲手里举着鞭子，却没有落下来，只是狠狠打了我两巴掌屁股蛋。此时的我反而觉得释怀，呜呜地哭了，哭得是那样的伤心。

过了一会，姐姐来了。她蹲了下来，抚摸着我也哭红了眼睛。她把换的衣服塞给我，让我赶紧换了，并把我拖上了饭桌。直到饭后许久，母亲才静下心来听我阐述今天所经历的一切，以及掉鞋的过程。这一说不打紧，母亲禁不住哭了。她后悔了刚才的冲动。倒是此时，我走到母亲身边，默默地拉着她的手。母亲一下子把我揽在怀里，大滴泪水落在我的额上。

糟糕！这时我突然记起我的书包和“战利品”。我赶紧把书包里的书和报纸掏出来，课本和作业本大都水湿，那叠报纸也大部分湿透了。母亲帮我把书和报纸一本本、一张张摊开，晾在灶台上和一个烘衣火笼上。此时，不知是一天的劳累还是母亲的宽怀，我才真正松弛下来，两只眼皮开始打架，趴在灶间睡着了。母亲偎着灶火，直到下半夜才把湿透的书本和报纸全部烤干。

这周的星期天，我在家的楼顶一人把门闩紧，拿来剪刀和浆糊，把“战利品”上的诗歌、散文、杂文等文艺作品一一剪下，分类做成了一本厚厚的剪贴本。从此爱不释手每天翻看，所有文章熟记于心，有些可以熟背如流。在那个文化高度贫乏的年代，这个剪贴本不啻于一片春天的绿荫，给我带来无尽的滋润和美好的向往，也在我幼小的心灵播下了最初的审美灵动。尤其是对上海《文汇报》文艺副刊更是达到了痴迷的程度。当时还憧憬着：假如哪一天，我能在这个副刊发一篇大作，并能获得个文学奖，那可真是天大的理想了！

蛮荒时代的这个“原始积累”，无疑诱发了我对文艺副刊之类报刊书籍收藏的冲动。在这之后，我还多次想着再到学校阅览室重操“孔乙己窃书不算偷”的“旧业”。可是，老天再也没给这种机会。随后的几年里，校阅览室人流如织，再未有过那种无人之境的时候。我也就此断了“野心”，转而托人向县城甚至省城新华书店购买文学类书籍。那是一段美好记忆。每当拿到散发着墨香的新书，我会彻夜难眠，如痴如醉。有几本书诸如散文集《金翅鸟》、诗歌《驰过燃烧的村庄》、评论《青年思想漫谈》、杂文《且介亭杂文》等始终如影相随，至今记忆尤深。打开这些“宝库”，少年的我仿佛进入一片无垠的旷野，眼前春深如海，野花漫地，不仅可以采得一束束春草繁花、精彩词句给予作文添色，又能品咂大地、海洋、阳光、雨露的云蒸霞蔚，逐渐进入充满诱惑的漫游境界。从初中到高中，每当老师布置一篇作文，我都“如临大考”，苦思

冥想着篇章结构、起承转合、语言锤炼，颇有“语不惊人誓不休”的倔劲。笨鸟先飞的精神，终于有了回报。我的作文被贴上班级作文园地，不时受到老师点赞，有些还被选上校刊发表……

若干年后，到了上世纪九十年代，我在某次探家时，又一次翻阅那本封面已经发黄的剪贴本，猛然记起儿时的那个梦想，便再一次勾起某种“还愿”的冲动。1987年1月，《文汇报》笔会副刊发起报告文学征文，我的一篇报告文学《心有千千结》在笔会副刊头条刊发，并获得该年度报告文学征文一等奖。当拿到获奖证书和奖金时，尽管此时自己早已在新闻和文学的路上跋涉多年，跻身记者行列，发表过近百万字的作品，也获过十几项省级以上新闻和文学奖，可对《文汇报》给予的这个奖项仍感觉有着格外的珍重和份量。因为，它了结了我少年时代的一个梦，抚慰了曾经留在幼小心灵深处的一个美好寄托。那个给了我最初写作冲动和灵感的“剪贴本”，也终于完成了它的历史使命，可以作为“文物”进入我的“博物馆”了！

然而，万万没有想到，2011年一场意外的山火，竟彻底毁灭了我的一个念想！随着世事变迁，曾经生机勃勃、山清水秀的老家，由于我的父母的离去和兄弟姐妹们的进城，田园开始荒芜，老屋四周茅草丛生，野猪山兔像土匪一样进出自由。原来绿荫如屏，瓜果飘香，窗明地净的故乡，渐被一种蛮荒所包围。这年三月，村委会在山底下组织植树造林，一个民工的一个烟蒂引发了一场灾难。惨烈的大火，以风卷残云之势包操四野，也让我家老屋寸瓦不留！魂牵梦萦的家消失了！所有的“家产”都化为了灰烬！

灾后返家，我蹲在那片残垣断壁下，面对一片冰冷的灰烬，欲哭无泪，痛不欲生。那是一种切肤之痛，那是一种刻骨铭心的失却之殇！多少年了，在这片屋檐下，曾经有过多么贫瘠而又快乐的童年，有过多少心酸而又甜蜜的回忆。而今这一切都成了流失的烟云！不知过了多久，等我抬起头来，一只野猫从石缝中闯了出来，趴着前腿向着来人喵喵叫，像要讲述什么。几只雀儿落在残留的廊柱上啄着炭屑。一群蚂蚁排着长队正越过墙角。几只蜜蜂嗡嗡叫着仍旧进出龟裂的墙隙。廊前那棵烧焦的白蕉，一颗鹅黄的新芽竟在焦灰的掩盖下冒出头来。我从落寂和痛苦中醒来。抓了一把灰土，久久攥在手中。那割舍不了的根似乎永久留在了心中。

月夜蛙声

聆听蛙声，你会感到天地间的精灵的绝妙，体验到虚渺的山野灵气附着在具体事物上所衬托的经典。

已是初夏时节。门前那片依山傍水、拥拥挤挤的田野被翻过、耙过、平整过，匆匆蜕去春装，变得丘明埂净，光洁如镜。秧苗尚未插下去，田园像梳妆待嫁的闺女，迎来难得静谧的一刻。

这时候，乍起的山风吹落最后一片夕阳，皎洁的月，在一阵嘈杂的呼娃吆牛声、赶猪圈鸡声和碗筷磕碰声中，跃上了对面的山梁。

今夜月色妩媚。清辉如许如霜，宛若轻纱般飘然笼罩着山村沃野。瓦屋、竹林、田野、阡陌，影影绰绰，扑朔迷离，似乎化进了朦胧。这样的夜，这样的月色，对于山村人来说，无疑是一个听蛙鼓交响，闻昆虫欢鸣的绝好机缘。

冬眠了一个冬春的青蛙，憋足了劲，如同等待着一场盛大的庆典，从山坳野穴，篱边石隙，屋角墟洞，田间地头跃出，欢跳着追逐一番，汇聚到田里光洁的水面，带着一个冬天的童话和春天的故事，拉开了田园交响乐的序幕。蛙儿们嘻笑着，闹腾着，或三三两两组成小组，或几十成百只地摆成一线，在整个田野的丘头、埂脚、泥坨摆开了多层次、多声部的交响乐阵容。

皎月如舞台追光灯照着田野，点点碎碎，晶晶亮亮的萤火虫精灵般飘浮着。像是有着某种默契似的，先是从某个角落唱出了第一声“呱呱”，“咯咯”，“哇儿呱”，山野便一下喧闹、生动起来。无数的蛙声此起彼落，嘈嘈切切地接踵而至，向黑夜的四面八方弥漫开来。

原野无尽。在夜的自然的曲谱线间，蛙声美妙绝伦地变奏着原生态的绝版旋律。时而高山流水，雨打芭蕉，慷慨激越；时而密友相聚，娓娓道来，低吟浅唱；时似花前恋人娇嗔嗲诉；时如辩论会一般，争争吵吵，咄咄逼人，无休无止；时而又像赛场拉歌，此起彼伏，一浪高过一浪。那节奏、那旋律，抑扬顿挫，绝等和谐：有高胡柳琴的揉弦颤

拔，有顿控清亮的花腔，有忽隐忽现、忽强忽弱的云锣铜铃，有莘莘学子的琅琅书声。这是灵魂的对话，真情的奔泻，思想的交锋，心灵的呼应，年华的流淌！

趁着蛙声间歇，鸣虫便成为主角。隐在田间地头无数洞穴中的数百种昆虫，亮出清幽多彩的歌喉，抒泄心衷。这时候，你会听见爱晚亭的古筝低奏，听见一支洞箫在月牙湖独吹着，听见红楼重幔中透露出来的管弦声，听见淙淙小溪从石隙间流过，听见飒飒的竹风在足下拂过。你会感到自己进入了一个令你灵魂出窍的音乐天堂。

当多声部的鸣虫小唱停息下来，堪称田园大佬，具有住持范儿的田鸡便从泥洞里跃出，它们展伏在泥坨上田埂边，颈部花斑处白色声囊吐出，一伸一缩，如鼓的肚皮风箱般颤动着，"喔……喔……"便忘情地交唱起来。先是一声，而后一呼百应似地从一处传遍周边，那声韵清远而高亢，洪亮而自信，充满着优越至尊风度。无疑，这是高旷、享乐之歌，盛年天性之歌，开春之歌，自然界里蛙们庆世亢奋之歌！整个的夜，就是这么交替地轮奏着、合奏着，把夜色唱白，把黎明唱醒。

月色溶溶，山风习习，水流淙淙，萤火点点。这样的

夜，这样的月色，这样的交响乐，营造出了一种古朴、梦幻、仙界般的意境。你或许听过贝多芬的《田园交响曲》，莫扎特的《费加罗婚礼》，施特劳斯的《春之声》。但是，在这大自然的纯粹交响乐中，在这胜于阳春白雪的绝唱中，一切人为的东西都变得肤浅、苍白和造作，成了变味的复制品。是的，最奢华的乐坛在乡野，最美妙的歌喉在田间！这种原创性、无指挥、多声部、大和谐的恢弘艺术，堪称传世之作而无与伦比。聆听蛙声，你会感到天地间的精灵的绝妙，体验到虚渺的山野灵气附着在具体事物上所衬托的经典；你会摒弃人间粗俗，进入那诗意般的境界，感受到蕴含于大自然中的强大激情。

蛙声，对于孤独与空虚的人们，是温情脉脉的倾诉；对于漫长而寂寞的黑夜，是天宇中的星辰，地平线上的曙光；对于落泊与疲惫，是一记智慧和激情的呼唤，是汇入《本草纲目》的上方。正如肖贝尔为舒伯特的一行不朽乐谱所配的歌词：“……你安慰了我生命中的痛苦，使我心中充满了温暖和爱情，把我带进美好世界中……每当受苦的人把琴弦拨动，发出了一阵甜蜜圣洁的和声，使我幸福得好象进入了天堂。”

蛙声，无可复制的艺术，原创绝伦的听觉盛宴！

闯荡狮公潭

几十年前，初生牛犊不畏虎的我，在这个“百慕大三角洲”的狮公潭上当了一回惊心动魄的“英雄！”

人生，或许都有过一两回辉煌的壮举和冒险。我的“吉尼斯”记录是十四岁那年，在家乡那条被誉为“百慕大”的清溪十八潭创下的。

那是一条绵延数十公里的大峡谷。雄浑对峙的两岸千仞高山下，有一条终年不息的清溪。这条清溪的中部因地势险峻落差大，两岸青山陡峭错落，水流回旋急转而下，形成一个气势恢宏的十八深潭的特殊地带。因了充满传奇，带有血泪的历历往事，这里成了讳莫如深的“百慕大三角洲”。

这个“百慕大”确也颇为神秘。

两岸陡峭的绝壁上，千年古树遮天蔽日，无数种藤蔓结网般纠缠交织着，形成了原始雨林般的植被，上百种飞禽走兽栖息其中，活脱脱一个自然保护区。清冽、温顺的溪水流经这里，刹地变得刁诡暴戾，蛇一般此起彼落，发出时而沉闷、时而激越的轰响。浓重的阴霾笼罩着，骇人的怪鸟凄叫着，浮光倒影摇曳着，组成了一个阴森恐怖的世界。走进这个诡秘地带，你会感受到一种阴曹地府般冷嗖嗖的寒气。当然，此处的惊险与恐怖，还在于那十八个神秘的深潭。

先说那十八潭中第一潭——瓮潭。其潭面如同一个瓮口，只有两丈来宽，可潭底却是风化的洞穴，据说有将乐玉华洞那般宽阔。人一旦掉入此潭，就很难找到洞口。传说有一年，几名妇人在上游溪边捞大水虾，一人不幸被卷进激流，掉下瓮潭，家人在潭边等了一个月，才见尸体浮上来。瓮潭的下方便是棺材潭。其状如棺材，紧傍在绝壁下。潭头处有数仞怪石作堵截状，发大水时，从石缝中挤出的水流会发出一种“依啊依啊”的怪声，颇似一老者在低声哀泣。与棺材潭形成较大落差的是螺旋潭。因潭体呈螺旋式斜面结构，而且一半嵌入山底下，因而整个潭水是一个大旋涡。潭面只隐隐可见水的回旋，潭底却是一个转子般的潜流。据说有人曾在上游激流中倒进几袋红粉，个把时辰才见红水从潭

底深处卷上来，足见其漩的深度。接下去便是最为壮观的飞瀑龙潭。水流从数丈高的崖壁分三路飞瀑而下，发出惊心动魄的轰响。一旦遇上洪水季节，这里便有排山倒海之势，水浪腾空而起，如无数飞龙搅身，飞流溅起的水雾从树荫中腾云驾雾，远远看去宛如一个大蒸气场，给“百慕大”增了几分神秘的妖氛……

这十八潭，据说都是风化的大石洞，与地下河相通。记不清哪一年了，干旱使上游溪流几近干涸，十八潭却潭潭有大水涌出，下游水流仍是那么丰沛。

几十年前，初生牛犊不畏虎的我，在这个“百慕大三角洲”的狮公潭上当了一回惊心动魄的“英雄”！

记得那是个初夏的早晨，我随母亲去山底下拾猪菜。娘俩沿着清溪一路采摘，收获颇丰。晌午时分，我们到了十八潭边。望望日头，母亲取出饭包，让我草草吃了午饭，嘱我在这一带再拣些野菜之类的猪食，而她竟独自一人攀上险峻的石崖，摸进了那片“百慕大”。

那年代家里困难，父亲终年劳作，身体虚弱，很需要一种可以消除疲乏，增强体质的叫“牛奶子”的草药。这种东西过去溪边到处可见，可那时早已被人拔光，只有“百慕大”的崖壁上才有。母亲似乎忘记了危险，只身往里闯。

正在懵懂好奇、充满冒险年龄的我哪肯安分在此等待，母亲前脚走，我便悄无声息地跟在后头。我看着母亲攀过树杈，越过秋千似的藤蔓，采下一捆捆“牛奶子”。她敏捷地像松鼠一样从潮湿滑溜和积满腐叶的崖面爬进去，到了狮公潭的南面峭壁上。据说那里长有十分值钱的灵芝，她准是采这玩意去了。

正是当午，阳光透过茂密的枝桠筛落潭中，在微动的水面上反射着骇人的光斑，与倒映在水中的树荫，交映成一幅斑斓的图景。

十八潭中，最神秘的要数狮公潭了。此潭处在“百慕大”的中段，潭的上空终年被古树藤蔓把持着，四周崖壁上长满毛绒绒的青苔和蕨类植物。水流从上方冲下，不见激起浪花，未闻其轰然声响，足见其深沉。潭水绿得发青，站在潭边，打一个照面，你会感到自己已经成了一个绿鬼。潭面如同硕大簸箕，像是冥冥之中有人在微微地筛着。在潭边多站片刻，就会感到头晕目眩，似乎天地山水在旋转。

早年，上辈人曾用细棕绳系着铁坠，用竹竿转轮伸进潭心往下放，据说十来丈的绳子放下去尚未见底。五十年代末，家乡闹饥荒，有人斗胆爬进此潭上方石壁，挖一种叫做“金毛猴”的植物根充饥，因饿慌失足跌下深潭，没了性命。

深潭充满诡秘，也充满诱惑。潭中鱼类肥美，常常引发人们获取的欲望。于是，那些年的夏天，家乡人常收集数百片榨过油的茶子饼在这个清溪药鱼，此举，让全村人倾巢出动，争相捕捞，为此也引发出不少悲剧。某年的“药鱼节”，有个姑娘在此潭边看到一条肥硕的大鱼浮出水面，遂用鱼捞去捕，几番扑腾，正待把大鱼拖起，却不料大鱼用力

一挣，结果失足连人带捞滑了下去。此后，这里成了一个是非之地，很少有人敢贸然而来。

此刻，我们娘俩已爬到最危险的绝壁上。一只松鼠施展其腾空跃跳绝技，从一个枝杈蹦跶到一丈开外的紫藤上，沙沙撒下一把枯叶，惊飞一只绿色的雉鸡“咯咯咯”地闯出树缝。

“哇！”我失声叫出声来，遂被母亲发现。她惊叫道：“啊呀……你怎么也来了！小心，小心啊！”

不知是松鼠这潇洒的一跳，还是冥冥中某种心理的暗示，我的心头不由一热，突然蹦出一个念头：我要闯一闯这狮公潭！

而且这个念头一经闪出，我便有了一种跃跃欲试的冲动和固执。我顺着峭壁往下摸去，母亲见状，猛喝道：“你干啥！别下来！”

我把母亲断喝置之度外，三下两下就溜到离潭面一丈高的一块石壁坎上，我把上衣一脱，说了声：“妈，看我的！”不容母亲回应，我已一个猛子扎进这个据说从父亲懂事起从未有人敢下水的深潭。

“清清，啊啊——”母亲望着溅起的水花，绝望地捶胸顿足，差点吓昏了过去。然而，只数秒钟，我便从几丈开外的潭中心露出头来，而后狗爬式地猛烈地打水游到了对面潭边，手抓在一丛水草上：“妈，我在这里！”

“啊，快上来，快快上来！”惊魂未定的母亲有点歇斯底里地吼叫着，慢慢从崖上下到潭边，我却逞能般在潭边打了几个回旋才爬上来。

千年古潭被这意外的介入打破了宁静，栖息在树梢上的不知名的鸟儿扑棱棱在充满妖氛的绿屏下盘旋，发出“叽叽”的怪叫声。

母亲奔过来一把抱住我，失而复得般紧紧拥着我哭了起来。少顷，她重重地揍了我一通：“你这浑小子！你吃了野豹胆了！呜呜……”不过，打过之后，她又释然地笑了。她为我擦去头上身上的水珠，嗔怪而又赞许地望着我：“你小子啥时学会游泳的？”

“喂牛时跟水生他们在溪里学的呗！”我得意道，母亲眯着眼，轻轻摩挲着我的头发。我读懂了母亲的赞许，这种赞许影响了我的一生。此时此刻，我才感到一阵冰凉。或许是刚才过于紧张用力过猛，腿肚子不觉有点发颤，身上起了鸡皮疙瘩。我跺着脚，捡起一个石片，打了一个水漂，只见石片如过江之鲫，频频擦过水面，在崖壁边反弹了一下，落进了潭里。几只石鳞从崖上一跃而下，像是对我的行为作出某种反应。

潭水依旧绿得发青，一种知间鸟瓮声瓮气地叫着，给午后的狮公潭添了几分沉寂的压抑。我与母亲背起采集的草药，越过悬崖峭壁，走出了“百慕大”。

闯荡狮公潭的消息很快在厝下传开了。人们在证实了此消息的真实性后，都为此吓了一跳。人们围住我，把我从头到脚看了个遍，许久，才不解道：“你们娘俩真是吃了豹子胆了，别是着了魔了！”

此时，我和母亲也才有点后怕。心想：要是跳下去时，头撞在石头上，或是脚抽筋，被潭中毒蛇咬了，抑或被传说中的“水鬼”缠住身（潭中有一种会抱人的水獭），那可真

是不得了啊！

但是，每每想到那一刹那的辉煌，更多的还是那种自豪感：我闯过狮公潭，我做了一件许多人不敢做的事！

多少年后，我回想起这桩往事，至今搞不清当时勇闯狮公潭的最直接动机。是因为家乡的族长公公曾经说过："谁要是敢闯狮公潭，谁才算是真正的男子汉，今后必有出息"这一哥德巴赫猜想式命题使然，还是要在母亲面前表现一下儿子的能耐，抑或是要检验一下自己的胆量，作出一个壮举让人刮目相看，从而让那些经常捉弄、欺负自己的同辈大孩子们自叹弗如？

人的一生或许不会有太多的辉煌和壮举。但是少年时代闯狮公潭的经历和勇气却是我终生难忘的。它是我生命记忆中的一个冒险，虽有些傻蛮甚至盲目、却也镌刻在人生的里程碑上，镶嵌在理智与情感的深处。因为那种勇气那种冲动并不是与生俱有的。许多时候，每当遇到难以逾越的困难，或者为一些纠结彷徨，缺乏勇气和胆识而退缩不前时，想一想十四岁的经历，便会如坐针毡，生发出悬梁刺股，凿墙借光，闻鸡起舞的激情来。我感谢少年时代的闯荡，感谢生命的超越！

鸡鸣茅店月

不消说，挑着沉甸甸的担子星夜赶路，单是空手走那五十多里崎岖山路就够受的。我那时又瘦又小，只有扁担那么高，也就十四五岁吧，每月得随父亲去二三次“荒蓓里”。

经历过生活艰难的人，不免会时常咀嚼那段难忘的岁月。

几十年前，父亲背负青天，早出晚归，终日劳作，家里却穷得有时连一袋盐也买不起。八口之家，六个子女，要吃，要穿，要上学，要看病，还有农村还债式总也还不完的人情世故，钱比六月雪还罕哪！

那年月，能有什么值钱呢？割资本主义尾巴，割得就差没光腚了。心力交瘁的父亲每每夜里揉着散了架的身子，正待倒头睡去，无奈生活的苦恼却像挥除不去的蚊蚋，折磨得他毫无睡意。已到月底，家里无米下锅，化肥要赶紧买了，亲戚孩子结婚要喝酒了，这一件件事儿没消停地冒出来，急得父亲像热锅上的蚂蚁。到哪弄钱啊，能借的都借了，能卖的也都卖了。

无奈之中，只有往家里那山一样堆砌的两大仓番薯米打主意。那是全家人含辛茹苦，没日没夜一年收获的全部成果，既是口粮，也是全部财源啊！

然而，这两座“山”于我，并没有带来什么福气。相反，却让我的少年时代尝尽了挑夫的苦头。

“明天去六都。”父亲说。六都是老家相邻的两个县交界处的一个小集。如同当年湘赣边界井冈山孕育了革命火种，这里由于远离两县“革命中心”，竟像雨后长起来的一朵杂菇，在“割尾巴”时代保留了一个时散时聚的“市场”。那时，哪都缺吃少穿。寅吃卯粮的窘境，使得邻县人时常步行几十里路来到这个叫“荒厝里”的接合部籴番薯米充饥。

我的家乡因在穷乡僻壤，依了山高皇帝远和七沟八坎一面坡的好处，家乡人便以“野火烧不尽，春风吹又生”的顽劲，豁出命来开荒，满山遍野种番薯，一时成了远近闻名的番薯米之乡。荒厝里市场的存在，着实给这个山村带

来了一口活气：上好的番薯米，每百斤可买十二三元钱，价好时能卖到十五六元。尽管这白花花的番薯米来之不易，饱含着农户玩命的血汗，可毕竟能换取几元钱花啊！于是，在家乡通往“接合部”的那条五十里山路上，便演绎着一幕幕让人辛酸让人愁的悲喜剧来。

却说去六都粜番薯米，当真是一项高强度的体力活。不消说，挑着沉甸甸的担子星夜赶路，单是空手走那五十多里崎岖山路就够受的。我那时又瘦又小，只有扁担那么高，也就十四五岁吧，每月得随父亲去二三次“荒厝里”。

记得去六都的头天晚上，父亲总是把粜的番薯米装在麻袋，打好担子，而后早早与我睡了。母亲则从珍存的陶瓮里拿出早先磨的糯米粉，为我们预备干粮。通常的情况是，母亲凌晨零点起床，先为我们做好早饭，而后做两种干粮：一种是盐饭团，在焖熟的米饭里加上盐，放些许酒，而后拍成团，放在草袋子里，这是父亲吃的；另一种则是我吃的煎糯米饼。这两种奢侈物，平时是不曾有的，只有这种长途跋涉的高强度体力活才能破例保障。

每次出发大都在凌晨两点左右。时值隆冬，干冷的北风呼呼地刮着，瓦楞上结着一层厚厚的霜。我在暖和的被窝里正做着梦，却被父亲摇醒。惺忪中草草吃过早饭，穿上草鞋，打着火把或手电，便挑着三十来斤的担子上路了。

下弦月时隐时现地高挂在苍远的天空，远山黑黝黝的，浑浊的月影下，树木若鬼怪一般，狰狞可怕。栖在山口风水树上的猫头鹰不时发出几声如同婴儿哭泣般的怪叫，让人毛骨悚然。这五十多里山路，要穿过数个村庄，经过没有人烟，长满齐腰蒿草的蛮荒地带，绕过一片片树林子，跨过密匝匝露出坟头的山岭。真可谓翻山越岭，踏平坎坷啊。

起初，我总是走在父亲的前面，与他拉开一段距离，以便每隔半小时停下来歇口气，待父亲赶上时，又走在前头，从而与父亲到有驿站凉亭的地方歇一个大歇。凌晨的山野，万籁俱寂。清脆的脚步声不时惊起栖在路边草丛中的山鸡与野兔。带露的野草，因夜里气温急降，结满了冰凌，潮湿、松弛的土路上隆起了冰碴子，草鞋踏过，发出“呱哒呱哒”声，裤脚早被冰凌打湿，好在剧烈运动未曾感觉。刚出门时，我穿了棉袄，戴着狗皮帽子。此刻，身上开始燥热，汗水很快洇湿了内衣。不得不把棉袄帽子脱了。一股山风袭来，撩开衣襟，我不由打了一个寒噤。一泡憋了好久的尿也禁不住了。

路在没有尽头地延伸着，走过了一弯又一垴，担子渐渐沉重起来。在肩上转来转去，肩胛已被压出刮痧般红道道，隐隐作痛，双腿像注了水的棉花，也不那么利索了，歇气的间隔越来越近。父亲已顶在我的后面，我已没了起先那会走一程先歇口气的优势。父亲见状，便停下来，让我吃了两片糯米饼，为我揉揉发胀的腿肚子，并让我扒点番薯米到他担子上。

我一口回绝了。父亲的担子也不轻呀，我怎好加重他的

负担？咬咬牙，我紧了紧裤带，又上路了。此时，肩胛开始灼灼地痛，脊梁骨就像是超载汽车底盘那片钢板难以支撑，口里不住地喘着粗气，胸口似要裂开似的难受，汗水顺着发梢流进嘴里咸得发苦。我就这么艰难地坚持着，苦撑着，穿过栖霞弯，枫树坪，走下长长岭，终于到达最后一个凉亭——茅店。

朦胧的夜色中，“荒厝里”已依稀可见。一弯冷月嵌在茅店翘起的屋角上，薄而透明的月色辉映着屋面的霜，泛出梦幻般的青辉。山风掀动着黄桷树茂密的叶子，沙沙作响。远处传来几声狗吠，几声鸡鸣，天边出现了一丝红晕。我蓦地领略到一种意境：鸡鸣茅店月！于是，一夜的疲劳似乎因了这凌晨美景而消失了，神情不由为之一振。

天很快就亮了。山下浓雾弥漫。像是要为人们的交易打掩护似的。赶了一夜山路的山里人，在离市场几百米的隐蔽处停下。父亲不敢轻举妄动。近一段时间来，这个接合部时不时有戴着红袖箍的市管会人员冲击市场，许多人番薯米被当场没收，肩担被砸。因此，每每此时，父亲总要像贼一样混进市场，待证实确无危险时才敢把番薯米挑入市场。如有

“敌情”，则赶快逃遁。待红袖箍走去，已是过了晌午，此时买主早已离去，只好找人家住下，等待第二天再卖。而整个粜卖的过程，父亲总是竖起耳朵，眼观六路，始终处于高度戒备状态，随时作着逃窜的准备。这种状况下的交易，容不得讨价还价，往往是地下党接头对暗号似的，两者价格基本合拍就成交了。

卖完番薯米，父亲在一家蛎饼店要了一碗热水，同我吃了干粮。又在摊子前，为大姐买了一个她已嘱过几次的红色蝴蝶结，买了一斤鱼干，三斤豆豉，几颗糖果，还有一瓶农药。钱已花去三分之一。我在地摊上看到一种复写板，四角五分钱，心里好喜欢，但未说出口。

回家的路，照例要爬几十里的大坡。我的脚板早已作痛，腿肚子发颤，肩胛火辣辣的。此时，父亲走在前面，我在后面跟着。到了坡顶白云亭，父亲扳起我的双脚，看到两只脚拇指已有多个血泡溃破。他用嘴吮吸着，用布条包着。做这些时，我见父亲眼眶湿了。他从草袋里取出仅剩的一个饭团，塞给我：吃吧，还得赶路呢！

接过父亲的饭团，我吃不下去。心里只觉得一阵苦涩。父亲叹了一口气，又重重地清了清嗓门，挥手道：“孩子，路再难总是要走的，担子压不垮人，把肩膀挺起来，你就会长成一个有出息的男子汉！”听着父亲的话，望着父亲躬身前行的背影，我心里一阵羞愧和感动，默然中，紧紧跟上了父亲坚实的步伐。许多年后，我与父亲谈起那段艰难的岁月，父亲记忆犹新，他抚着那根汗渍斑斑的扁担，充满感慨。岁月蹉跎，人生不易，但只要心中有盏灯，遇到困难挺起腰板顶过去，希望就会在途为你挂果。

那场雪，落在心灵的旷野

这激越的锣鼓声搅碎夜的宁静，诱发出某种灵感，山里人压抑、封闭了太久的情绪被鼓捣了起来。

山村的冬夜格外地漫长。地里没啥活了，不需起早贪黑劳顿了，又没有多少赚钱的活计可做，山里人便懒洋洋起来。得到休整的体力与精力鼓涨着，却无处予以释放。

封闭了太久的心灵，渴望找到一个情趣的爆发点。也许是某种冥冥中的契机，那会儿县里要树一个少数民族政治夜校先进典型，作为“文化大革命”的新生事物加以扶持。经公社、大队推荐，这等好事便历史地落在了这个名不见经传的畲族自然村。为此，公社、大队的头头脑脑来了几次，全村男女老少时不时被集中在村小学里，读毛主席语录，搞斗私批修，一时间闹腾得不亦乐乎。县报道组来拍了照片，写了报道，大大提高了畲村的知名度。

其时，学校来了一个颇有文艺细胞的老师，闲时吹拉弹奏，那如泣如诉的旋律常常吸引着大男小女，大伙听得如痴如醉。学校里有一套锣鼓乐器，年青人凑在一起便“咚咚锵”地敲了起来。

这激越的锣鼓声搅碎夜的宁静，诱发出某种灵感，山里人压抑、封闭了太久的情绪被鼓捣了起来。

“咱们学唱戏吧，闹它个剧团乐乐。”一名年轻人提议道。如同干柴遇到烈火，此提议很快引起共鸣。时值“火红的年代”，到处都在普及革命样板戏，许多地方的民间剧团如义和团揭竿而起。村里几位有点头脸的人物被年青人的气氛所感染，一拍即合，很快作出一个堪称革命性的决定：“办戏班，学样板戏！”

在畲村，这个决定不啻于一声春雷，人们奔走相告。剧团筹委会很快成立，几个生产队长开了个碰头会，当即定下三件事：从各队收点粮，作排练点心；从各户集点资，购买舞台幕布、道具、锣鼓、服装；聘请县剧团一名老演员当导演，以学校为基地，排练样板戏《沙家浜》。筹备工作紧锣密鼓地展开，开始挑选演员了，村里的年青人按捺不住内心

的躁动与渴望，都希望“绣球”能抛到自己身上。然而，角色毕竟有限，真正能走上舞台的只能是导演眼中的“精英”。经过筛选，郭建光、阿庆嫂、胡传魁、刁德一等主要角色很快定了下来。眼看配角也要分光，15岁的我急得像热锅上的蚂蚁：给我个角色吧，哪怕是刁小三之类也好呀！

结果，导演让我演沙四龙。这下可是哑巴吃黄连有苦难言了：演沙奶奶的是我堂姐，让我当众管她叫妈岂不羞煞我也！可是，我要不干，这角色立马就是别人的了。容不得我多想，我只能“大义易亲”。然而，到排练时，面对着堂姐，我怎么也喊不出“妈”来。我急得满头大汗，差点没哭出来。导演急了，要换人。我一把拽住导演的胳膊，“妈！”一声哭腔把导演吓了一跳，招来一通哄笑。

既已撕破脸皮，我便豁出去了，自此厚着脸皮认姐为妈，到后来，演得十分投入，把我妈笑得个半死。

第一部戏《沙家浜》排练了两个月，赶在春节前彩排，并决定在公社大礼堂举行首演。这是畲乡人有史以来最为辉煌的盛典，也是畲乡人作为整体走出山门的里程碑。不知是人们对山旮旯的“土老帽”也能演戏感到稀奇还是怎的，当晚的公社礼堂人头攒动，全场爆满。演出进行了两个小时，台下爆发出一阵阵热烈的掌声。人们没有想到，畲乡剧团的

演出竟如此精彩，尤其是那个“阿庆嫂”，让人流连忘返。首场演出旗开得胜，大大激奋了村里的“演员”们。

紧接着，剧团开始排练第二个剧目《智取威虎山》。这个剧目比《沙家浜》难度大些。首先是布景，要在舞台上展现当年林海雪原的环境，作为一个乡村的“草班子”，显然没有这种财力与设备，但被激奋起来的山里人充满着创造力。大伙用幕布制作了数十幅各场次林海雪景，从已解散的县剧团借来投影灯，还用白纸剪了几麻袋碎纸屑，待演到杨子荣打虎上山和小分队奇袭百鸡宴时，专门让两个人爬上舞台顶端，如天女散花般往下撒纸屑，白纸屑纷纷扬扬落下，俨然鹅毛大雪，灯火变暗闪烁，引得台下一片喝彩。

两部大戏排出后，戏班准备走出山村，到周边乡村巡回演出。在文化生活高度贫乏的年代，能看上戏，不管演技如何本身就是一种享受。尤其是那么些僻静的村庄，古往今来还从未有过剧团进村盛举，畲乡戏班的到来，开了先河，令人欢呼雀跃。

记得戏班“出访”的第一站是邻乡的村尾大队。当时，接待戏班有两种形式：一种是大队向各生产队摊点谷、钱，集中办伙食；另一种是吃派饭，把剧团人员化整为零分到农户家中去吃住。当然，更多的还是后一种形式。由于吃派饭，演员们常冒出些令人哭笑不得的花边新闻来。

记得在北山岭下一个只有几十户人家的自然村演出时，就出了个“常宝百里追子荣”的故事。那回，杨子荣的扮演者刚好被派到一个生产队长家，被誉为“村花”的队长闺女为“杨子荣”那年轻英俊所吸引，一见钟情。两天里，她把精心赶制的绣花鞋垫塞进“子荣”包里，要把真情相托。无奈“子荣”家中已有妻室，只好婉言相劝。可痴情女子含泪百里私奔，连看多场“子荣”戏，仍不思归。最后还是经过多方做工作方“忍痛割爱”。

还有一次，剧团在一个贫困的小山村演出时，也出了个“误吃白鸡宴”的趣事。那时，村里人非常热情，每餐饭桌上摆着三鲜肉丸、酒冻鸡块、熏鸭猪蹄等丰盛酒菜。主人不时劝酒夹菜，演员们颇为感动，盛情难却，也出于难以压抑的食欲，便开了食戒。这一吃不打紧，主人眼睛刹地绿了！原来，这村子有个规矩：正月十五前，三鲜肉丸、酒冻鸡块纯属摆设，是绝对动不得的，主人劝客纯属礼节，而非真的要让吃掉摆设之物。那年月，家里穷，那摆设是要一直摆到月底，接待一个正月客人的。此刻，见演员们半推半就地吃那“贡品”，东家暗暗叫苦：完了，“两万斤大米全完了。”

好不容易熬到客人下桌，一检查所剩无几，心痛极了。好在大家都遇到过这种情况，第二天村口一交流，心里才好受些。可是，剧团为此背上了“贪吃班”的臭名。剧团领队知道这一情况，进行了作风纪律整顿，宣布了三条纪律：不得与住地女人拉拉扯扯；不得吃人家“好料”；不得单独行动！

戏班在巡回演出中加强了作风纪律，形象大为改观。按照既定的路线辗转数乡。正月初八，戏班到了一个高山村落樟江村。演出连轴转，日场《沙家浜》，夜场《智取威

虎山》。

这天夜里天冷得出奇。当演到小分队披着风衣向大雪封山的威虎山进军时，两名工作人员正待撒下纸屑，台下不知谁喊了声“啊，真的下雪啦！”可不，天井里的观众席上纷纷扬扬下起了鹅毛大雪。观众身临其境，如同进入戏中场景，孩子们更是欢呼雀跃，台下乱成一片。导演见状立即嘱咐乐队用激越的锣鼓声把骚乱的秩序平静下来。这个晚上的演出特别成功。谢幕时，观众久久不愿离去。这也是剧团的最后一场演出。

雪下了一夜，村野银装素裹，瓦上、地里白茫茫一片，重现当年林海雪原的某种意蕴。演员们面对此情此景，久久沉浸在剧情的高潮之中。

次日一早，戏班撤离。回乡的道路陡峭崎岖。五十几号人马有的挑幕布，有的扛道具，有的背服装，顶着皑皑白雪，从坡顶下山。大伙脚下生风，如同坐上雪橇，不少人连滚带爬，不时摔个屁股墩。剧团领导风趣地说：“我们这是在老爷岭，进军威虎山的路上。”少剑波的伴演者立权哥情不自禁引吭高歌：“穿林海，跨雪原，气冲霄汉——”唱腔再次把大家的激情吊起，琴师、鼓手也停了下来，奏出激昂的乐章。大家完全进入解放战争东北剿匪战场的状态中，忘记了时空。此时此刻，我感慨万千：咱太生不逢时了，假如生在那个年代说不准也能干出点名堂来。于是，产生了一个非常强烈的愿望：当兵去，我得从这走出山门。

戏班的成立、崛起，对于沉寂的畲村，无异于一束报春花，一场心灵的摆渡。它舒泄了压抑太久的积蕴，结束了某种自我封闭，给畲乡青年带来美好念想和创造的欲望。许多人因此改变了一生的命运。回顾这段历史，许多过来人仍如数家珍。

海霞，曾经魂牵梦绕

英姿飒爽的海岛女民兵、演绎着无数传奇的前沿阵地、充满庄严与神圣的军营……如同一股神奇的魔力，在我的心灵里留下了意像的底片，把我带到了一个充满憧憬、充满向往的天地。

人生，充满着变数与奇妙。有时一件偶然的事，冥冥之中就帮你敲开了一扇门。还是少年时代吧，我读过作家黎汝清写的反映上世纪五六十年代福建沿海海防斗争的长篇小说《海岛女民兵》，后来又看了由此改编的电影《海霞》，个中那火热、神秘、惊险的边海防战斗生活，给我这个山里的孩子留下了十分难忘的印象。那瑰丽多彩的海霞、波涛汹涌的浪花、扬帆启航的渔桅、穿浪腾飞的海鸥，那讳莫如深的敌占岛、英姿飒爽的海岛女民兵、演绎着无数传奇的前沿阵地、充满庄严与神圣的军营……如同一股神奇的魔力，在我的心灵里留下了意像的底片，把我带到了一个充满憧憬、充满向往的天地。

十六七岁的男孩，正值花季雨季，是个充满幻想的年龄。海岛女民兵在海防斗争前沿一线织网、训练、站岗、放哨、巡逻、出海的战斗生活，充满着浪漫与诗意。我觉得，那里的彩霞，那里的渔舟，那里的沙滩，那里的姑娘，都是那样的美，那样的令人向往。我在心里默默地想望着，有那么一天，我要到这些地方亲身感受一下那里的战地气氛，作为一名战地记者，去采访那些肩背钢枪，在晨曦里、雾霭中、晓月下创造了许多军民联防动人故事的女民兵们。这个念头、这个秘密，在我的心头蛰伏下来。此时的我，常被那种朦胧的梦困扰着，为了心中的那个念想，常常激动不已。由此产生了一种强烈的冲动：参军去，加入到人民解放军这个光荣而又伟大的行列中去！

少年时代的梦伴随我度过初中、高中的学业，终于在二十世纪七十年代的第六个春天，我穿上草绿色军装，来到福建前线驻闽南某部队，当了一名步兵。七十年代之后，海峡两岸的局势总体上有所缓和，但军事、政治的对峙仍然相当激烈。时值海峡两岸政治、军事强烈对峙氛围中，福建前线部队枕戈待旦，加强战备训练，陆海空三军联合进行渡海

登陆作战演习，我们的部队作为演习中的主力部队承担了抢滩登陆第一梯队的任务，参加了海上长途武装泅渡拉练。演习、拉练的地点就选在某前沿阵地上。

说来也巧，部队的驻地恰好就在拍摄电影《海霞》的那一带。此时的我既作为一名战士，也作为一名连队报道员，有幸见到海防哨所，见到头戴尖顶斗笠，肩背钢枪，身扎武装带的“海霞”们。记得那是一个假日的早晨，我和另一名报道员在驻地一棵木麻黄掩映的古井边洗漱，埋头搓洗着一盆军服，耳边传来了一阵轻快的歌声和脚步声，转睛一看，一群女民兵已嘻嘻哈哈来到跟前，一个扎俩短辫，红扑扑圆脸上缀着两个摄像机般黑眸子的“海霞”打来一桶水，在高挽的腿肚子上浇洗着，投来热情的一瞥，发出银铃般的问候：“哎，你是新兵吧，会洗衣服吗？”说着，自己先笑了，顿时引出姑娘们一阵笑声。

“你怎么看出我是新兵？那么你是老兵咯？”我未敢正视她们，低头只顾搓衣。“那当然，我们这批老兵马上就要

退役了，这个月是我们的最后几次巡逻。”根据两岸局势的发展，当时全省半专职建制的女民兵排要撤消了。“那我太荣幸了，还赶上最后看到了真的海岛女民兵”。鬼使神差般，我竟向她们说起了电影《海霞》曾经在自己心中留下的难忘记忆。海岛女民兵们听了我的诉说，不禁回忆起两年前的“触电”经历，讲述着当年女民兵班在吴海燕（《海霞》女主角）的“带领”下站岗放哨的情景。说着，她们也进入了当时的美好回忆中。她们没想到，一部电影竟能给人留下这般美好的向往。姑娘们抢过我的军装，浆洗起来，这下我不好意思了。只好打水，慌乱中，竟把吊桶掉进了水井里。还好一个叫海兰的姑娘找了竹杆把桶打捞上来。

夜幕降临，女民兵班又一次出巡。海风轻拂着她们的短发与衣角，枪刺挑着晓月，沙滩上留下她们的一串串脚印。她们的周身洋溢着青春的生命光华，勃发着矫健的飒爽英姿，以整齐的步伐向远处走去。此刻的我似乎置身于《海霞》的电影之中，油然产生一种充满浪漫的遐想。在战火纷飞和充满惊险的海防斗争中，海岛女民兵绝不是一种摆设，她们以渔家姑娘对党、对祖国的忠诚，以极高的警惕和斗争艺术，配合守岛部队在波涛汹涌的水际滩头，在防偷渡、反小股、捉特务的漫长的海岸线上，在旷日持久的军民联防斗争中，演绎着许多惊心动魄的传奇，写下许多可歌可泣的壮丽诗篇！当年受到毛泽东主席亲自接见的洪秀枞、黄纪纪等就是她们的杰出代表。

我站在前沿阵地上，面对着一望无际的大海，但见暮色四合，远处空濛一片。呼啸的海风拍打着泊岸的渔桅，哨所的探照灯不时掠过扑朔迷离的海面，把人们带入一种充满神秘而又紧张的前线战地气氛之中。我想象着当年国民党军“反攻大陆”的抢滩登陆，想象着当年“8.23”炮击金门的恢宏，想象当年女民兵们机警勇敢捉特务的情景，想象我军渡海登陆英勇作战的壮举，心中升腾起军人特有的庄严与神圣！

前线、海岛、朝霞、女民兵如同一道亮丽的风景线，在我的心目中留下了美好的记忆。在以后的军旅生活中，我作为一名新闻工作者，每每踏上那块心灵中的热土，都别有一番感慨。这种感慨强化着一种难以忘怀的情结，常常“操纵”着我重温往日情怀。于是，几年前，我从福鼎的沙埕港、嵛山岛开始，沿着海峡西岸，走过了霞浦三沙、飞銮军港、连江黄歧北茭、南日岛、东山岛，走过了围头金井、大嶝小嶝、浯屿青屿，走过了厦门的沙坡尾、何厝，走遍了数千里当年重兵把守的海岸线，翻遍了省图书馆珍藏的各报战地通讯，走访收集着当年由毛主席亲自授予步枪的女民兵洪秀枞、“战地百灵鸟”厦门前线广播站播音员陈微微、海上侦察英雄纪瑞喧、英雄小八路等等往事，我在这种毫无功利的“积攒”中触摸时代的转轨律动，解读历史风云的凝重，完成了一种心灵的顿悟与升华。

激情燃烧的岁月

当年报道组的“大本营”——团部俱乐部

“多年媳妇熬成婆。”团报道组的“领衔”角色，“历史”地落在了我的头上。团部大礼堂左侧，是我们报道组的“大本营”，我领着一班弟兄们开始了新一轮的“创业”。

西下的夕阳夹杂在遮天的小叶桉林梢。从靶场归来，我在连队的黑板报前看到一行通知：全体新兵今晚参加营部考试。

我心里不由咯噔一下：考什么呢？

在连队值班的二班长走过来，拍拍我的肩膀，神秘地透漏：营里要挑选两名报道骨干，你小子好好考！

二班长是我的新兵连班长，对我的“才华”有所了解，新兵连黑板报评比，我凭着在校时办过校刊和“大批判”的功底，曾夺过冠、露过脸。因此，分到连队后，我便成了“文化兵”，出墙报、写广播稿，训练之余忙乎得屁颠屁颠的。

新兵的单纯和上进心是特有的。连长的一句表扬，可以让你激动一个星期，老兵的一个指点，也能让你俯首听从。在我们团，九连素有“文化连”之称，因为此连两类人才“英雄辈出”：一则连队演唱组颇有名气，参加过军区、军、师文艺调演，文艺骨干出过很多干部。二则报道组出人才，近几年凡被挑去写报道的几乎都提干了：有的已是军区大报记者，有的被调到上级机关。了解到这一“背景”，我对今晚的考试倍感神圣和庄重。

考试在营部饭堂里进行。一个瘦个子考官（事后了解是我们连的熊排长）用刚劲的板书亮出考题：写一件反映社会主义新生事物的人和事，题材不限，字数不限，两小时交卷。

这无疑是一次高淘汰率的竞争。几十号人鸦雀无声。只有横梁上的日光灯嗡嗡作响格外刺耳。我的神经处于高度紧张和亢奋状态，经过短暂的构思，很快理出思路：以《春苗》为题，把我在家编过的一个剧本改写成一篇小说。

一个土头土脑的监考官（事后了解是三炮连的班长高老兵）在我的身后停下来，盯着我的卷子，许久没有离去。我浑身一阵燥热，心里打着小鼓：我没作弊，盯我干嘛！好在一会儿后，他走到前面，回头给了我一个笑意。

这笑意给了我一种安慰。于是调动脑瓜里的全部活跃因子，一鼓作气地写了下去……

考试结束了，我急切地等待着尽快“发榜”。可是两个星期过去了，仍没音讯。就在我对此不抱希望之时，一天夜里晚点名之后，指导员通知我：准备好被装明早到营报道组报到！

那一夜的月特别圆。半夜里起来站岗，对着明月，我想着明日的“荣调”，余兴未尽，突然脑子里蹦出一句诗来：路漫漫其修远兮，吾将上下而求索！

报道组这个组织在部队是没有编制的。它的存在全在于“有为才有位”。当时，全军对新闻工作相当重视，各个部队营以上单位大都组建有报道组。可以说，挤在这条道上的是成千近万的“求索者”，而那时能投稿的军内报纸只有《解放军报》、《前线报》，地方的新闻单位也就福建日报、福建人民广播电台等几家，僧多粥少，报纸的用稿率是千分之几。要想上一篇稿件，哪怕是“豆腐块”，甭说是新兵，就是老报道骨干也不容易。

并没有多少思想准备的我，听了报道组老兵近乎“危言耸听”的情况介绍，才意识到一种无形的压力已无可挽回地降临头上：自己是这块料吗？万一搞不出名堂怎么办？

窗前的小叶桉随着晚风的飘拂，送来一阵阵特有的醇香。我在床上辗转反侧：机遇既然无情地把自己推进这个“炼狱”，咱也别无选择了！

我这人平时不吭不哈，但有一股牛劲儿，认定的事从来都是很投入的。从研究“传家宝”——剪贴本开始，我一篇篇地读着前辈“精英”留下的新闻作品，聆听两名老报道骨干如数家珍的“传统教育”。来自山东潍坊高粱地的高老兵，长得胖墩墩的，理个平头，是个耿直憨厚的家伙，每天让我分析报纸：什么是新闻？什么是通讯？什么是故事？什么是言论？这篇稿子为什么上头条？导语是哪种写法？整个篇章是什么结构？用了哪些背景材料？哪些是观点？哪些是概括材料？哪些是例子……每天提出无数个问题，让我通过分析报纸说出个子丑寅卯来，而后他便进行点评。

在这一点上，我是幸运的。我们团的老报道骨干有一个非常难得的传统，每一任老兵对新兵的传帮带都是无保留的，诲人不倦。我十分佩服老骨干过硬的分析能力和写作水平。每一篇文章经过他们的“庖丁解牛”，便脉络清晰、头头是道。在这样的环境里，只要你不是榆木，你就会“恍然大悟”。

开始写稿了，我要做的第一件事就是采访。作为新兵蛋子，要采访营、连首长，是需要胆量的。我的性格比较内向，极爱面子，胆子小。刚开始总想当老兵的“跟屁虫”，可老兵的惯用手段便是“赶鸭子上架”。记得那是高老兵让我去一连采访“三打三防”训练情况。一连是全团训练先行连，许多先进的战技训练方法值得报道。我硬着头皮去了连队，但好几次都扑了空，高老兵见我一无所获，提示我：“正课找不到人，你不会课余插空去啊，要动脑子嘛。”

我想想，也是。“中午去！”为了尽快把这个稿子写出来。我顶着烈日赶到一连。可是连长又不在。一问，才知道在家属宿舍。这天我发狠了：踏破铁鞋也要找到他！

找到家属区已是中午一点了。我硬着头皮敲门。好一会儿，里边传出一声粗嗓门：“谁呀？”

“我，报道组的。”不知是我这怯生生的回答没有多少底气还是怎的，屋里顿时传来一声近乎不耐烦的吆喝：“什么事？”

“连长，我想采访一下您。”我又轻轻敲了一下门。

这下里面有动静了，我听见床板吱吱嘎嘎的声音，不一会儿，门开了一条缝，连长穿着一条花裤衩，伸出头来："你这兵怎么搞的，中午来打门，我们几天都没休息了，下午还跑五公里，你懂不懂！"说着，不容分说，门便"砰"一声关了。

"我……"我满脸通红，急得说不出话来。

吃了个闭门羹，我定定地呆了片刻，等回过神来转身离开，蓦然看到家属宿舍门前晒衣架上正晾着一溜女人的行当：碎花粉红色短裙和文胸……

我若有所思地往回走，心想着这采访真他妈的难啊。回到报道组，把"悲惨的遭遇"向老兵作了汇报，本想得到同情，没想到又被高老兵数落了一番："你个榆木疙瘩。一连连长家属今早刚来队，新婚远别，中午还不让人家亲热亲热？你呀，搅了人家的好梦！"高老兵充满"暧昧"地说着，引得大家一阵哄笑。

"好了，晚饭后再去，我保证你受欢迎。采访要选择好时机嘛。"

没办法，人在屋檐下，不得不低头。可也奇了，按照老兵的指点，当我晚饭后再赴家属区时，此连长竟换了一副面孔，热情地接待了我。在妻子面前，他如数家珍，让我满载而归。

下连队采访归来小憩

有道是，世事洞明皆学问。从这件事情中，我体会到了做报道工作的许多诀窍。正应了吃一堑而长一智的老话，经过无数次的“闭门羹”和碰钉子，慢慢地我的脑瓜活络多了，我渐渐学会了“看人下菜碟”，学会了“摸猴子屁股”，报道骨干最难的采访关被我突破了。

于是，我开始高速运转起来。研究题目、下连采访、提炼主题、拟定纲目、汇报思路、写稿、修改、复写、发稿，成了一天的生活链。每一篇稿件“出炉”后，老兵从标题制作到篇章结构，从语言锤炼到材料把关，都要进行认真“敲打”，不行的数遍推倒重来，整个报道组俨然成了高速运转的编辑部。在这样的群体中，我像一头牛，在老兵的缰绳和鞭子下，辛勤耕作着。

半年过去了，命运女神开始对我垂青，我的稿件陆续在《前线报》见报，有一篇上了《解放军报》。某日，我收到福建人民广播电台军事部发来的节目卡：3月5日晚7时30分将在《人民子弟兵》节目中播出我采写的反映九连炊事班战士林木金的长篇通讯《钉子精神谱新篇》！当我把这个消息告诉连队，指导员立即转告营里把全营广播开了起来。

人，一旦受到某种激励，那种潜在的能量便会加速发掘出来。“乍来的春风吹皱了一池春水”，我希冀着有一天能蹦跶成一名出色的“老记”。为了心中的这个秘密，我有点玩命地干开了。如果用“绞尽脑汁、夜以继日”来形容那一段的生活，可以说一点也不过分。清凉油、辣椒和冷水成了开夜车的“常用装备”。进入报道组的第一年，我在《解放军报》用稿2篇，省级以上报刊用稿19篇，这种“成果”在媒体爆炸的今天可谓不值得一提，可在当时却是“出类拔萃”的。年底，团里给我记了一次三等功。

也就在这时，出了一个“碴”。一天，团里的新闻干事到营报道组来，看到我那一副模样，吓了一跳：这个兵咋的了？脸上铁青铁青的，毛孔粗糙张开，两眼布满血丝，一副

病态的样子！赶紧找来老兵问讯，得知是“太自觉”了！熊干事叮嘱高老兵：这个兵不能再让他这么干了，一定要看住他！从此，我被“限制”了自由：中午必须休息，晚上也不允许加班到太晚！

尽管如此，我还是没让自己“休养生息”。不久，我调到了团报道组，渐渐参与“抗大活”。一次，《前线报》社来了紧急约稿：写一篇“济南第二团”学习航空兵一师的言论稿，务必尽快送到报社。“受命于紧急之时”，我不敢懈怠，紧锣密鼓在当晚十一点把稿件赶了出来，送政治处领导审定并复写抄正后，已是临近子夜。为了赶在第二天六点前把稿件交给漳州开往福州的长途班车司机，凌晨两点时分，我顾不得夜黑，骑着自行车向三十多里外的漳州市长途汽车站进发。

早春的闽南，凉意袭人。启明星下，山野雾气弥漫，朦胧如梦。嗖嗖的山风掠过脸颊，使我疲惫的神经顿尔又精神了起来。我憋足了劲儿，紧赶慢赶，终于赶在清早六点前到了漳州长途汽车站，把稿件交给了司机。下午，报社通联人员从汽车站取走稿件，当晚便上版发排了。

长时间的劳作和熬夜，我的身体出现了不和谐的信号，经常头昏、耳鸣、疲倦、失眠，精力也不如之前了。而在这时，团里的新闻干事调到了师里，高老兵也提任营部书记任职去了。

“多年媳妇熬成婆”，团报道组的“领衔”角色，“历史”地落在了我的头上。团部大礼堂左侧，是我们报道组的“大本营”，我领着一班弟兄们开始了新一轮的“创业”。

在那些日子里，大伙儿白天躬身劳作，夜里可害惨我了。报道组里有两个“呼噜大王”，夜里一搭床便鼾声大作，那鼾声一高一低，一唱一和，此起彼伏。患有神经衰弱的我被搅得夜夜无法入眠。为了强迫睡眠，我试过数数法、气功法、静心转移法，均无效，后用棉花堵耳也不行，大半夜了还在硬板床上“干煎咸鱼”。讨厌的呼噜！烦人的呼噜！实在无法忍受了，我只好击打床铺板，弄出的声音虽然让鼾声停息了几分钟，可俩小子转个身仍然“我行我素”。我被逼得“走投无路”，一时火起，猛击床铺板：“砰！”这下惊醒了大家，几个毛头小子一骨碌爬起来，瞪着惺忪的睡眼：“是不是地震？”我又气又好笑，胡诌“一只老鼠爬到床上来了”，便搪塞过去。

星夜赶路去漳州长途汽车站寄发报社约稿

猛击床铺板也不是个办法。想来想去，我终于有了一个主意：睡觉前，用背包带系在两个“呼噜大王”的脚上，一头系在我的床边，小打时不动，大打时便轻拉一下，实行“无打搅监控”。就这样，在刚开始的许多个夜里，我就这样手握“缰绳”迷迷糊糊地睡着了……

难忘的报道组的日日夜夜，我们的工作强度和艰苦程度丝毫不亚于高强度的连队训练。但是，从这个“炼狱”中走过来，我仿佛经历了人生的“八卦炉”，随着意志的淬火和功底的磨砺，周身充溢着奋发的激情。从那以后，我走上了团、师、军新闻干事工作岗位，后又调任新华社福州军区分社记者。回溯那段激情燃烧的岁月，有一点感受我是终生难忘的，那就是：人，要做点事绝对是需要毅力的。耕耘不免艰辛，却是快乐与浪漫的别样体验，这种体验与亲历深切而无法重复，令人念兹在兹。

沉重的翅膀

现在回想起那段经历，我为自己的那份执着而感动，也为自己的那种透支式的盲目而悲哀。其实，每个人的人生道路和路标都是应该依靠自己去设置、去拓展的。人，首先应当善待自己，量力而行，正确把握自己应当承担的责任，给自己一个正确的人生定位，才能更好地支撑家庭，遂行使命。

人，生在哪种环境中，是一种命。命运如此，有时是不以人的意志为转移的。许多情况下，什么样的家庭环境造就出子女什么样的性格，什么样的性格往往决定着什么样的命运。

打从懂事起，似乎总有一种无形的使命感在鞭策着我。生活的重负过早地压在了我的身上，以致于少年的我变得沉默寡言、心事重重、郁郁寡欢，很少能有舒怀朗笑的时候。曾经在多少回的梦境中，我总见自己在那条通往山顶的逶迤石阶上，肩负沉沉的重担，顶着炙人的烈日，一步一颤地艰难跋涉，一种力不从心的疲惫感袭击着整个身心。这种心灵承受之重，其实也不是父母或是哪个人强加给我的，而是困苦家庭环境的那种现状、那种氛围内化着我，熏陶着我，使我从小就感受到生活的艰难，特别地理解父母的艰辛与苦衷，特别能感受到自己应当为这个家做出的担当。

的确，作为长子，我看着劳累过度咳血晕倒在春播秧田里的父亲痛苦的面容，看着母亲为弟妹书钱学费数处借款而一筹莫展的窘迫，看着因欠生产队口粮款而被几个单身汉截留全家口粮的情景，看着井里的那只青蛙终日扑腾而终未跳出那片天地的无奈，我的心被深深震撼了。家庭的重负已压得父母喘不过气来，我啥时能为家中分忧解愁，啥时能接过父亲肩上的担子？这种意识起初是朦胧的，随着生活的渐渐展开，便越来越清晰地契入我的神经。

我总想着，应该为父母减轻一份负担，为弟妹们作出一个榜样。于是从小学开始，我就相当自觉地帮着父母干农活，到十几里外的山底下拾柴禾、为父亲接担子、下地里锄草，小小的年纪双手过早地布满了老茧。上高中了，每到周末，我总是从三十几里外的学校急急赶回，来不及擦去满头汗水，泡一碗地瓜米剩饭，狼吞虎咽几口，便带领弟弟下地去了：翻地、锄草、施肥、浇菜……直到夜幕降临，才会收工回家。在那一段日子里，家里是很贫穷的。每到五六月份，家中常有断炊的时候。在母亲为我每周上学准备的食粮中，通常是一周给我六筒大米（每筒相当于10小两），我常常背着母亲从那小米袋里“抠”出一筒来，倒入已经见底的米缸中，而把那散发着特殊气味的番茄米塞满袋子。

“穷人的孩子早当家”。自己十七岁了，不小了，什么时候才能为家里减轻点负担，什么时候才能挣钱养家呢？弟弟妹妹还小，父母面朝黄土背朝天，躬身劳作，自己眼下能做什么呢？那时尚未恢复高考，高中毕业，上大学是不可能了，那年月时兴推荐工农兵学员，那是要有所谓“贵人”相助呀，想来想去，就有了去部队闯一闯的想法。

我是带着某种天真或者说使命感离开家乡那条黄泥小路，踏上军旅生涯的。这种使命感就像紧箍咒一般时刻提醒自己：好好干、争点气，要通过自己的努力进取振兴家业。于是，从成为新兵的第一天起，我就相当严格地要求自己。从战士到报道员、班长，在三年多的军营连队生活中，我蒙受组织的关爱，有了小小的进步：提干了！这对我来说无疑是人生道路上的一个转折点。我有“工作”了，有工资了，可以为父母分担家庭重担了！在接到任命的那一刻，我激动的心狂跳着。毕竟，这是人生迈出的第一步。这一步对许多人来说或许微

不足道，可对于一个从山旮旯里出来的穷孩子却是一个不小的台阶。

从那个时候开始，我便自发产生了一种更为神圣的使命感：自己走出来了，眼下更重要的是要把弟妹带出来。我给了自己一个新的定位：当好人梯，让弟妹们踏着我的肩膀走出大山，走向新的生活。那时，在紧张的连队生活中，在繁忙的工作之余，我思想的关注点便是弟妹的学习。每月的工资，除了留一点买日用品，全部寄给家里。为了鼓励弟妹，我基本上每月都要给他们写一封信，总想用自身的理念去充实、支撑他们的精神大厦。1981年，二弟考上了省外大学。三弟也进入了高中，由于学习不尽用心，数理化成绩不理想，他想去报考美术专业。为了他的这个选择，我费尽心机为他在省城联系了美术专业培训班，并找了省里美术学校的一个老师进行辅导。此时的我已成为家中经济来源的“大树”。每月分别给父母、二弟和三弟汇完款，早已囊中羞涩。在机关食堂里，每天吃饭我总躲在角落，吃的是最便宜的饭菜，身上那件衬衣因为太旧、太皱，被兵们戏谑为“雷排长的衬衣”。几年里，我就这么细水长流地支撑着。到了该考虑自己的婚姻大事了，要结婚了，却是“白老鼠”一只，口袋里拿不出二百元的积蓄。小家庭的建立，无疑给我那已成定势的“财政收支”增添了窘迫。

那一年的暑期，大四的二弟要去湘西实习，需要寄钱，三弟在省城补习需要用钱，母亲晒谷子从二楼摔下来住院急着用钱，我把所有的积蓄“抠”出，再向司务长预支了下月的工资寄了出去，就为下个月的寄款犯愁了。早餐的食堂里，我咀嚼着那咸得发苦的酸菜，心里只觉一阵苦楚。

不久，已有身孕的妻子来队。一年一次的探亲，来之难得，可我却没能善待她。孕期是需要营养保障的，可眼下已是身无分文，如何款待她呢？翻来翻去，只有《解放军报》

和《前线报》寄来的几元稿费尚可维持几天生活。好在妻子理解我的难处，自带“伙食费”，帮我度过了“饥荒”。

转眼到了二弟大学毕业，面临的难关便是找工作。我多么想让二弟留在省城啊，可残酷的现实击碎了我的梦想。当时我也刚刚调到省城，人生地不熟的，该怎么找呢？只好一家一家地跑。时值炎夏六月，我骑着那辆“老爷车”，顶着烈日从北到南废寝忘食地跑，连着十几天的奔波，几近中暑也未歇下，跑了十几家单位，总算有一家干校有收人的意向，可是二弟的档案却被发到县里去了，找了市、县人事部门，人家根本不理那个碴。无奈，只好随它去了，好歹总算有了一份工作，我也只能帮到这个程度了。而最令人揪心的还是三弟即将面临的考试。

已是秋分时令，清晨的雾霭笼罩着四周，天空冷寂阴沉。我从梦中醒来，一看表，已过清晨5点！带上干粮，急急推出那部“老爷车”送三弟去长途汽车站。这天，他要赶赴外地参加美术院校招生考试，刻不容缓。从军区大院出发，我载着三弟往车站赶。不知是多日的奔波劳累所致还是身体的原因，我骑着骑着，愈来愈感到脚下的沉重，爬上三角井那条短坡，腿肚子竟有点发颤。当我强撑着把三弟送到车站时，已是筋疲力尽。返回的路上，一场清雨劈头盖脸把我淋成了落汤鸡。

“冷！”我只觉一股寒气袭进五脏六腑，连打了几个喷嚏，身上直起鸡皮疙瘩，牙齿也禁不住打起颤来。一向不把自己当回事的我，以为大不了头疼脑热感冒几天就可以挺过去。可是，这回，生命与健康终于向我亮起了红灯。感冒持续了一个星期之后，我的颈部发现了一个肿块。我不得不住进军区总院诊治，结果接受了两次手术。躺在病床上，我只觉得一阵眩晕，迷糊中，那个梦境始终缠绕着我：在涧底伸向山顶的九百二十七级台阶上，少年的我挑着那一担沉重的担子艰难地往上挪步，大汗淋漓，步履蹒跚，每一步都那样的吃力……

现在回想起那段经历，我为自己的那份执着而感动，也为自己的那种透支式的盲目而悲哀。其实，每个人的人生道路和路标都是应该依靠自己去设置、去拓展的。人，首先应当善待自己，量力而行，正确把握自己应当承担的责任，给自己一个正确的人生定位，才能更好地支撑家庭，遂行使命。不能深刻地感知过去，就难以解脱自身的沉重翅膀，也就很难获得轻装腾飞的力量。但是，对于往日的执着，我很无奈。或许，这就是命吧。

太阳雨

洒脱飘逸的太阳雨，以其柔中寓刚的力度，敲打着我身上的解码键盘，给我的身躯输入了新的生命程序，使我整个地溶入自然，融入绿色，感应到大自然传来的信息。

初晴的暖阳透过云隙，像舞台聚光灯，投射在那片春深如海的茂林修竹间。

黛绿的山野间，修篁的竹，古拙的松，森耸的榛，如盖的榕，凝碧的枫，挺拔的杉，依依相拥，撑起翠幡绿幔，遮了一片天。黄的，白的，红的，蓝的……五颜六色的小花织缀在绿毯似的草地上，宣示着春之精灵不息的吟唱。乳白色的薄雾，像层层轻纱被微风的纤手慢慢揭开，露出洇在绿茵里的禅寺。一股炊烟袅袅地从飞檐翘顶升起。

山是绿的，水是绿的，阳光是绿的，空气也是绿的。这时候，几片云儿像幕布一样把暖阳遮过，天幕上又淅淅沥沥地下起了小雨。雨丝千丝万缕，袅娜逍遥地把天与地连接起来。眼前的茂林修竹像一个巨大的盆景，沐浴在云蒸霞蔚之中，承接着大自然母乳般的关抚。

暖阳像是不甘受人摆布似地，定定凿破云雾拉成的天网，艳艳地照着这片浴女般洁净的绿色世界。淅沥的雨此时并未停歇，只是不时夹杂着一阵阵炒豆式的急雨。那阵雨裹着暖阳在林梢叶尖筛落，如水晶珍珠，嘀嘀哒哒地落在织锦般的绿毯上，充满动感地反射着五颜六色的异彩，整个林间幻化成抛金掷玉、天女散花般的丽景。

我如同遇见海市蜃楼，被太阳雨这奇景深深震撼了。怀着久违的念想，我走进这片雨中绿幔，像拥抱情人一样张开双臂，仰面张口，承接着这大自然的恩赐，一任多彩的雨点把全身湿透。

雨时急时缓地下着。我干脆脱去上衣，打着赤脚，赤裸着身子，立定在酥软的花草间，任由那高抛、彩色的雨点纷然砸在身上。我双目微闭，意守丹田，只觉有无数弹性的纤指在点击我的身躯，这种点击敲开了毛孔的闸门。一股灵气从头顶注入，我的身心似已超凡脱俗，全身有着放浪形骸的酥痒感，充满着周身舒解的快意，我酒醉般进入一种妙不可

言的境界。在这样的时刻，我的脑子一片空白。人生的世故尘缘，均离自己而去。人，此时还原成了最单纯、最纯洁的自然物。

洒脱飘逸的太阳雨，以其柔中寓刚的力度，敲打着我身上的解码键盘，给我的身躯输入了新的生命程序，使我整个地溶入自然，融入绿色，感应到大自然传来的信息，感受到人与自然的息息呼应。这是一次美的享受，一次超脱尘缘的洗礼！因了这种洗礼，我体验了某种心渠的浇灌！

沉浑的钟声从远处的禅寺传来。我静静地禅立于这个美好的时辰中。此时，时间已失去意义。多彩的雨不知何时停息了，我从那个仙界醒来，听见了鸟儿的啁啾。一束斑驳的暖阳照在身上，我浑身一激灵，看到周遭泛出佛光般的光晕。我呵呵地放声呼喊着，只觉一股幽香从口中呼出。是林间幽兰，还是自然界的精气充盈着自己的身心？

一种被感染的愉悦，一种从未有过的激情与力量从心中鼓涨不已。我在心中默念道：太阳雨，多彩的雨，生命的雨，禅宗的雨！

小叶桉情思

小叶桉酿着岁月的醇香，在军营弥散，也在军人心中播种记忆！

西沉的落日隐入小叶桉的青纱帐中，余晖给天边涂了一层橘红。隐在绿荫深处的灰色营房一角，升起几缕轻缓的炊烟，绿荫下流动的绿色方队传来一阵铿锵有力的口令声。

晚风吹来，一种浓郁的小叶桉气息如醇酒一般在营区充溢。再没有比这种气息给我的印象更深刻的了！在当年福建前线部队闽南一带军营里呆过的兵们，或许都有这种感受：那营区前后密密匝匝分布的小叶桉，实在是军营生活中一道挥不去、抹不掉的风物。正如歌唱家阎维文激情所唱的《小白杨》一样：小叶桉，同我一起守海防！

回溯几十年前的闽南大地，赭褐色是一种基调。山是裸露的，光秃的。站在高处，可以一览丘壑之贫瘠，峰峦之荒芜。作为囤积福建前线一线部队的军事腹地，这种状况显然不能适应战备的需要。于是，基于战备防护来考虑绿色植被问题被提到了重要地位。一种速生树木——小叶桉成了军营的贴身伙伴和伪装网。

伴随着海峡风云，上世纪五、六十年代的军营前辈们与驻地群众一道，在营区内外、公路两旁，在那一座座裸露着赭褐色胸脯的山头上，植下了作为一代代军人的神圣之梦。几十年之后，千千万万棵小叶桉和木麻黄连点成线、连线成片，在东南沿海筑起了一道硕大的青纱帐。

小叶桉的崛起，给营区带来一道亮丽的风景线。如同某种编码，那场景、那气息以其特有的方式进入了我的新兵生活，以致在以后的二十几年军营生活中，我都沉浸在那样的氛围中。只要一闻到那种气息，就会情不自禁地进入到当年的军营“菜单”中去，就会有那种流连忘返的感觉。在此生此世中，小叶桉的气息已成为我人生记忆的历史珍藏。

在这片绿荫下，营区内外的山头上，兵们以“战场”为模板刻下了纵横交错的堑壕，构筑着密集的碉堡、火力点等工事。骡马、军车、榴弹炮、迫击炮出没于这片青纱帐。

兵们摸爬滚打战技合练于各个山头。新兵的训练煞为辛苦，不用说每天的正课操练已累得够呛，班长为了全班能在排里、连里冒尖，每天都得给新兵加点“小灶”。

于是中午或晚间便与小叶桉朝夕相伴，直练得眼冒金星、浑身散架才罢休。特别是练投弹，记得当时我的最高记录拼了全力也才投了37米。看着其他新兵一甩就是40来米，我心里急得跟猫抓似的，班长虽然没批评我，但我从他的眼神中可以看出某种不满意。一种自尊心和犟劲让我发了狠：不当孬种，一定要超过40米！于是，我便起早贪黑地练，把背包带一头系在小叶桉上，一头系在手臂上，一次又一次猛练爆发力，一天几百次下来，手臂肿得老粗，小便也解不了裤带，吃饭提不起筷子。这下把班长感动了，他耐心为我单个教练，细心地纠正我的痼弊动作，夜里专门为我热敷肿胀的手臂。一个多月下来，我的手臂肿了又消，消了又肿。慢慢地臂力大了，两边手臂铁疙瘩一般，营里军事考核，我投出了42米，达到优秀，连长奖给我一本笔记本，那棵系着背包带的小叶桉也被勒出 道深痕。

骄阳似火的烈日下，小叶桉撑起了巨大的凉伞。摸爬滚打战备训练闲暇之余，同年当兵的“老乡”们便围坐在大树下，靠着树干拉呱扯皮，直播各自“隐私秘闻”。每逢周末、节日，新兵们最热衷的一件事就是找老乡。俗话说，老乡见老乡，两眼泪汪汪，的确，在那样一种紧张的氛围里，新兵们很需要一种交流，述说自己连队的情况，家里的状况，吐露个人的秘密。在连队，每当有了顺心或不顺心的事，我总会独自一人跑到小叶桉下独处。

一个周末，我接到母亲从家里二楼摔下住院的家信，又因战备未能回家探望，焦急无奈中，独自跑到后山抱着小叶桉哭鼻子。无助之下，双手在树上一个开叉凹陷处抠着抠着，扒开几片树皮，竟抠出一个塑料袋！出于好奇心打开皱巴巴的塑料袋，里面有一个发黄的信封。打开一看竟是一封发自山东的某姑娘写给一个老兵的“吹灯”信：“……你如还不能穿‘四个兜’（指提干部），我妈肯定不会同意，那咱们就散了！……”乖乖，意外发现！适才沉重的心情被这个小叶桉树洞隐藏的秘密给冲淡了许多。此间，天下起了小雨，我在树下站了一会，任雨水打湿全身，秋风裹挟着小叶桉的浓重气息袭击着我的鼻息，我如同被一种能量提神醒脑，跑回了连队……

小叶桉酿着岁月的醇香，在军营弥散，也在军人心中播种记忆！

棕榈树下的琴声

妻子的勉励流进我的心扉，滋润着我的心田。我注视着这个单薄的女人，再一次感触到了她的坚韧与力度。

漫漫人生，什么是夫妻情分，什么是同舟共济，祸福相依？

二十几年前的那场厄运，在我心灵深处镌刻下的诠释，令我终生萦回感念。

妻是我第二次手术后的当晚才知道消息的，她怎么也不敢相信：三十岁的我踌躇满志，人生刚刚起步，怎会得了那种可怕之症？她多么希望这是一场噩梦啊。然而，残酷的事实已摆在面前，不容她置疑。

哭了一夜的她，翌日天刚蒙蒙亮，就把嗷嗷待哺的孩子交给了婆婆。没有往县城的班车，她求乡里的一位货车司机，让她在车斗上站着，急急往县城赶。

天阴得出奇，寒风裹着小雨打在她单薄的身上，全身湿透了，说不清是冷，还是害怕，她的双腿不住地打抖，眼泪顺着脸颊流进嘴里，她咬着嘴唇不让自己哭出声来。

赶到军区总院，在特级护理观察室的病榻上，她看到了我：一块巨大纱布贴在脖颈，脸部肿得变了形，从纱布中伸出的引流管正向容器中渗着血水，床边输血瓶上殷红的血浆正一滴滴落着。

她俯下身子，轻轻地握住我那冰凉的手，极力控制着自己不哭出声来，可突眶的眼泪还是憋不住了："你不该不告诉我，我该早些来啊……"

几分钟后，她镇静了。擦去我眼角涌出的泪水，柔软纤细的双手在我身上舔犊般摩挲着，像是要减轻点我的痛苦。

我的右颈部作了根治术，清扫了所有淋巴结，被切下好些组织和皮肉，因为手术时拉动、牵扯、结扎，声带发不出声，喉咙痛得咽不下口水，而粘粘的痰涎又不时涌上来。

她从我嚅动的嘴唇读懂某种意思，忙用湿毛巾一遍遍为我吸擦着，而后给喉里喷点消炎的药雾。打从来到我的身边，她就像个高级护理师，细心地注视着我的每一种反应，而后决定该做的事。在重症观察室的一个星期里，妻一时一刻没有离开病房，吸痰、接尿、按摩、热敷，不时忙乎着。夜里，陪伴的家属都回去了，她硬是说服、感动了医生护士让她留了下来。

病房的灯一盏盏熄了，凉意一阵阵袭来，疲劳与睡意酒醉般难以抵御。她趴在床边打个盹，手却搭在我的脉搏上，始终谛听着我的气息。整个的夜，她就这么陪伴在我的身边。她知道，人在病痛中，最需要分担，最需要亲情的爱抚，最需要传递一种意念和力量。

从观察室搬到病房后，可以进食一些流质食物了。妻子从此更加忙碌起来，每天凌晨，她踏着夜色，步行到数公里外菜市场去买水鸭母、上排肉或鱼类，熬成汤调养我的身体。在家里，她是不曾杀过鸡鸭的，鸭子抓在手上，嘎嘎乱叫，她无处着手，狠了心，把刀搁在鸭脖子上，可鸭子强力挣扎着飞了起来，"哧哧"喷出的血溅在她的脸上、手上。好在生活的磨难使她变得坚强。再次把鸭捉住，紧接着一阵手忙脚乱杀好、炖好，她顾不上吃一口剩饭，便急急往医院赶，她要为我端热水刷牙和洗脸用早餐啊。

那时，住所通往总院的那条路，由于西湖清淤，数百米路面堆满没膝的污泥，每天从这里经过都得灌进一鞋泥水。妻子就这么每天急急忙忙往返着，里里外外侍候着。而她自己总是废寝忘食，扒拉几口我的残羹剩菜就算一餐，舍不得花一元钱到医院食堂吃一碗煮面。

一天，妻子听说片仔癀对手术后的刀口愈合很有效，执意要去买这种药。当时，片仔癀是一种出口药品，得用外汇券才能买到。妻咬咬牙，硬是托一位老乡换了近百元的外汇券。第二天，她就跑遍市区大街小巷，找啊找，找了十多家大商场、药店也未买着。最后还是一位老者提醒她到华侨商店看看。此时，太阳已经西斜，跑了一天的妻子口干舌燥，两腿如铅，眼前直冒金星。她掏出清凉油，重重往脑门上擦着，又向华侨商店方向奔去。掌灯时分，她终于找到这家华侨商店。

“我买片仔癀。”妻子喘着粗气，抹着汗。

充满优越感的“马尾巴”售货员望着妻子一个落魄乡下人的模样，冷冷道：“不卖，要外汇券。”

“我有外汇券！”说着把钱摆在柜台上。

“你有外汇券？”“马尾巴”瞪了一眼妻子，狐疑地从柜台上拿起外汇券，左看右看看不出是假的，才不情愿地从柜里拿出一盒片仔癀扔到妻子跟前。

妻子如获至宝，忘记了一天未吃未喝，也忘了一天的辛苦，急急赶回总院，为我准备晚餐。

片仔癀的疗效，或许不见得如此之神，可是妻子的一片真心确让我感念不已。

一个多月来，妻就是这样早出晚归，风雨无阻地颠着跑着，她那单薄的身子，经受着精神与肉体的双重劳顿。一个月下来，竟瘦了十几斤，两眼微陷，布满血丝，瘦弱的双肩撑着衣服，一阵风似能把她刮倒。可她的脸上始终透着坚毅，仍旧每日早上过来为我洗脸，夜里陪到九点多，为我洗了脚方离去。

待我能够起来走动，她先是搀着我蹒行于病区走廊上，继而扶着我走向病区的林荫道上。她述说着每日的新闻，找来许多战胜疾病的书籍，借来一个“小宝贝”，磁带上录着柴可夫斯基的《悲怆》交响曲和贝多芬的《命运交响曲》，还给我买来一本《郭林气功法》。她陪着我在那条林荫道上留下了串串难忘的足迹。

夜，深了。疲惫的妻躺在床上腰酸耳鸣。她想让自己平静下来，好好睡上一觉。可是，白天的一幕如同蒺藜刺着她的神经：同病房的两个年轻病号，在不到一周的时间里相继走了。看着隔壁病床那个已有身孕的新婚妻子的哭号，妻的心悬到了胸口：苍天啊，你可得保佑我们啊！

她想起了孩子，想起了离家的那一刻，孩子懂事地不哭不闹，只睁着疑惑的眼睛注视着她。一个多月了，孩子一下子断奶是否哭闹，夜里睡得是否安稳，是否还经常感冒发烧？想着这些，她的泪水洇湿了枕巾，不觉哭出声来。

断鸿声咽，天影邈邈。心中纵有百般苦楚，在我面前，妻子从未悲观失望。刀口愈合后，我转入X射线深部照射和钴60放射阶段。这是一种让某个部位正常组织与不良细胞同归于尽的治疗方法，对人体的损伤很大。一个星期下来，我的白细胞急剧下降。医生嘱咐必须全力加强营养，保证疗程！

这可苦了妻子。除了三餐营养保障，还有白天与夜里的点心啊！家里已借了好一笔钱，可怜她每天市场、住所、医院三点成一线，没命地跑着，到了后来，她实在跑不动了。无奈之中，她想起住处门后那辆28寸的“老爷车”。

学骑车，一定要在短时间内学会！夜深人静，军区偌大田径场上，一个黑影在晃动。那是妻子孤身一人在蹒跚学步。摔倒了爬起来，几天下来，脸上、腿上、手上摔破一层层皮，刮破了几条裤子。她玩命地练着，到了第六天，她便跌跌撞撞地上路了。好在清晨，路上车辆、行人不多。几次撞在树上，掉进沟里，她爬起来再上，硬是闯过了骑车关。

妻子的顽强，令我感动，令我悲哀。也给了我一种无声的鞭策。我必须振奋起来，尽快恢复健康，减轻她的负担。于是，每天清晨，我开始练气功，每餐强迫自己多吃点。一天，单位同事来看望我，无意间告知厦门大学主考的自修大学最后两门课程近期要考。命运如此多舛，前程未卜，哪还有心思挂念能否毕业，战友同事和医生出于关心，或婉或白都劝我放弃。我的目光定定地落在妻子的脸上，妻子读懂我的心结，她明白，“风可以把蜡烛吹灭，也可以把篝火点旺”。此时的我需要一种力量的支持，这种力量就是她回应的一个眼神。

第二天，她从家里为我送来了两部教材和辅导材料，就这嘈杂的病房里，我趴在病床上攻读。头晕，记忆力衰退，精力不济折磨着我，但没能摧垮我的信念。在一个多月的时间里，我硬是把教材啃了一遍。我的颈部因两次手术，头向一边偏着，钴60放射治疗引起的反应，使得身体还处在十分虚弱之中，走在路上不免有着眩晕飘浮之感。但我坚持着上考场，硬是通过了全部课程的最后两门课程，并且取得良好成绩！

钴60放射终于坚持了下来。秋去冬来，我在医院已经整整三个月。这天上午，妻子上街去了，我等着等着，中午不见回来，傍晚也未回转。上哪去了呢？我好纳闷。正待去饭厅打饭，却见她风尘仆仆归来，身后背着一个大袋子。

“你猜我给你带来什么？”她微笑道。

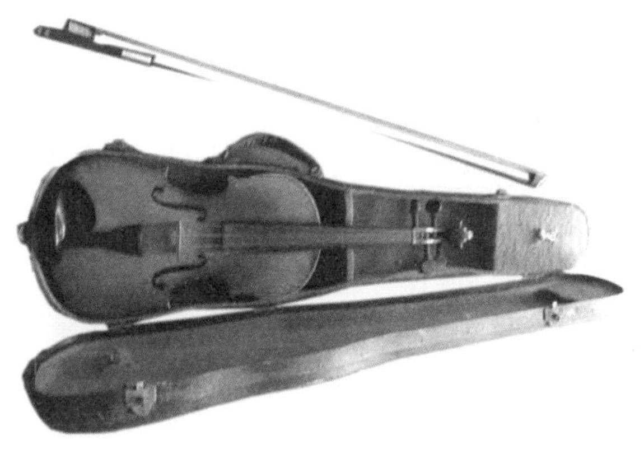

我抢过她身后的袋子，一把解开，露出小提琴的盒子。

“借的？”

“干嘛要借？！”

我打开琴盒，一把锃亮、簇新的小提琴呈现在眼前！

我惊谔了。在那个时候，买把小提琴不亚于今日一件大电器啊。妻子怎么想到买这玩艺呢，亏她想得出。原来，妻子早就知道我几年前就想要一把小提琴。她平静地说：“生活嘛，总该往好处想。灾难是一所没人报考的大学，可一旦从这所大学毕业的人必定是生活的强者。人，只要精神不垮，任何磨难都击不倒的。灾难必将过去，我希望你用这把小提琴奏响强者的歌，奏出新的生活乐章！”

如一泓清清甘泉，妻子的勉励流进我的心扉，滋润着我的心田。我注视着这个单薄的女人，再一次感触到了她的坚韧与力度。三个多月来，是她用纤纤细手抚慰着我的心灵，是她牵着我走过了一道道沟沟坎坎，是她用母爱般的真情舔舐着我的伤口，担当起家庭主角的重负。看着她身上那褪了颜色、破了领口的衣服，脚上已有豁口的布鞋，我愧疚万分！

夫妻本是同林鸟，大难临头各东西。人生，最难忘的是患难夫妻的情分。昏晨晦明，相依为命，相儒以沫，危难之时，所茵蕴的那份纯情，那种真爱，你得之是三生有幸，受之应觉洪福不浅！

残阳如血。我与妻子漫步在那排棕榈树下，徜徉在湖边

池塘畔，我深情地拉着《梁祝》，拉着《春之声》，妻子低声和着，我感到，人世间，一切的美好在这里凝聚了！

二十多年过去了，我重新走上了新的工作岗位，恢复了健康。但每当记忆之楫驶过那段艰难岁月，想着妻子的那份挚爱，我便常常泪湿衣襟，柔肠百转！

感受天籁

人是可以简单些的。有时简单的惬意，远比复杂的奢侈要幸福得多。

久居城垣，便有一种感触：天低、云浊、楼密、车挤、人稠，就连空气也似乎多了几个大气压。由此，常常生发出一个念头：投奔自然。心灵，渴望那片明净高远的天空，渴望那片原生态的旷野，渴望那种风雨虫鸣的天籁，渴望一次情感的放逐。

村野看瓜

这是个夏末之夜。朗月的清辉给村野镀上一层梦幻。田田瓜地溶入了一种沉默。鼓胀了一个春夏的西瓜，突破绿蔓选美般裸露着，在溶溶的夜色中显现出化石般的景致。星星点点的萤火虫穿梭于瓜蔓间，伴随着不知名的虫鸣和远处高一声、低一声的狗吠，编织出一种充满动感的野韵。

山坡上，搭着一个颇有远古遗风的丈余高的尖顶草棚。棚顶及四周均由芦苇编织，一架竹梯伸到地头。棚内，一张竹床、一把椅子、一盏马灯、一把茶壶，勾画出一种简朴的清趣。

月上中天了。我把二叔“赶”回家去，执意要替他守夜。多少年了，一直想着重温一次儿时野地看瓜的旧梦，让身心远离烟火和喧嚣，让困顿的灵魂遨游放飞，今晚终于梦圆村野。

今夜月色真好。我伫立于草棚中。独处的静谧，松开了思想的锁扣，一切似乎变得格外生动。对着棚顶，我的双手轻轻向上一托，竟开了一个天窗。顿时，清辉如泻，令人激情涌动，情思放飞！

“结庐在人境，而无车马喧。问君能和尔，心远地自偏。”我情不自禁地取出青红酒来，斟满一杯，独自呷着，一句古诗蹦出脑际：“举杯邀明月，对影成三人”！

不，应该是“举杯邀李白，杜甫也前来！”是的，此情此景，我翻卷吟哦着《月下独酌》、轻诵着《归园田居》、默念着《山居秋暝》、品咂着《茅屋为秋风所破歌》，心胸豁然开朗，我的神情完全幻化于某种远古的空灵，梦游于历史的时空隧道。这时候，我的眼前走来了李白、杜甫、陶渊明、白居易、蒲松龄……

“大师，您好。”我恭敬虔诚地举着酒杯，与大师同饮，朦胧之中似见大师乘风而来，豪情万丈！

“嘭”，一阵山风摇曳着门柱上的马灯，把我从远古的梦游中拉回。山野的风，如同某种精灵，以其狂野和俏皮闯进草棚。那风，时而似丫鬟为你把扇，时而像慈母为你洗漱；时而伸出温柔的魔舌在你周身舔吻；时而粗暴地将无形的手伸进你的衣领、衣口、裤管、腋窝，搔得你全身痒痒；时而化作一股超然清气进入你的鼻息、胸腔、五脏，搜刮着长存于体内的浑浊废气。你无法抓住它，它却可肆无忌惮地撩拨你；你无法拒绝它、抵御它，它却能来去自由。

我站着、躺着、走动着，俏皮的风始终多情地缠绕着我、温存着我。只能顺从它，忍受它。在这个精灵面前，我周身酥软，一种从未有过的洒脱充溢周遭。这种感受，入心、入骨，让人恣情畅意。

夜露潜入迷离的月色，带来一丝凉意。我走下竹梯，漫步于瓜田，有一股大地和果实的清香沁入心脾。在田间地头，独自切一个西瓜，津津品尝着，心底便有一种无端的

感慨：人是可以简单些的。有时简单的惬意，远比复杂的奢侈要幸福得多。人，生于自然、附丽于自然。现代的生活无论进化到哪一步，可自然所特有的馈赠是永远也无法再造和“克隆”的。

在这清风明月之夜，在这远古遗风的草棚里，我承受着看瓜人的闲情逸致，吮吸着村野泥土的气息，游历着先哲的田园诗丘，深感心旷神怡，村野看瓜，看到的是一种质朴的自然，看到的是自己心境的落差与浮躁。

旷野采风

很久以来，那条绵延数百里的大峡谷，或许从未像今天这样寂寥过。

曾几何时，两岸青山、一条清溪，曾是家乡男女老少日出而耕、日落而息演尽人间悲喜剧的“舞台”。人气最旺时，山上山下不说人声鼎沸，却也是一呼百应。那会儿正兴“农业学大寨”，原始的大山植被被一把火烧光，成片的树林轰然倒下，藤萝野蔓断肠刀下，栖息旷野的山禽野兽来不及作鸟兽散便落入世界末日。剃了光头的山野被开垦出片片土坪，为形形色色的农作物所覆盖，山头留下一片片“斑秃”。面对伤痕累累的野山，朔朔的山风也在哭诉：何时还其原装？

然而，几十年后的今天，山乡的一切竟发生了难以置信的变故。随着现代文明的叩门和呼唤，家乡的新一代走出“爬满青藤的木屋”，抛开念了几个世纪的陈经，致力追寻现代文明，在市场经济中勇健搏击，承前启后地带着家眷向城里进发，向城市的周边地区推进，多少年来的生活方式被他们扔在了大山皱褶，扔在了历经磨难的山旮旯！

于是，“繁荣”的山乡渐渐沉寂了，往日喧嚣的山野重

又恢复了平静。大自然以其特有的修复功能给曾为山民蹂躏作践的“躯体”换上了新装。

当我怀着一种复杂的心境回到那片土地时，我感慨世事变迁之快。眼前的大山已是草木萋萋，蛮荒一片。疯长的芦苇卷席般向昔日的土地包围过来。野猪、山兔、蛇、雉鸡、黄鼠狼等宛如当年的八国联军，雄赳赳、气昂昂地纷纷进入这片原属于它们的旷野瓜分地盘。

山路已被茅草占领。只有野猪、山羊等野兽出没时留下一道道通往洞穴的痕迹。

正是深秋时节，无尽的芦苇坡上铺天盖地的芦花开得正艳，阵阵秋风摇曳着，成群的芦芒鸟在波澜起伏的苇波中追逐啁啾，被吹起的芦芒如飘动的蒲公英，纷纷扬扬，别有一番情趣。

我寻找着当年的那棵酸枣树。但见枝桠突兀，一副老态龙钟。

在芦苇坡的脊背上，我砍倒一片芦苇，搭成一个杜甫所描述的为秋风所破的茅屋。

我躺在松软的茅草上，面对高远的苍天，秋阳当空，白云悠悠，一只苍鹰在天际悠闲自在地盘旋，翅膀一动不动。我拔出一茎草根嚼着，贪婪地呼吸着带着泥土青草香的山野气息。

站在山顶，我运足丹田之气，高声呼喊："啊嚯嚯！"声音洪亮而雄浑。一阵回声传回，几只山鸡被惊飞，扑腾着像箭一般射出。

此时的我，有一种豪情在奔突，我想引吭高歌、拔毫泼墨、狂饮酣醉！心灵深处，那层曾被世俗与岁月包装硬化的外壳，不经意间被那只高飞的苍鹰啄了一口，不禁悄然脱落。

在这片空无一人的旷野，在这充满原始风韵的芦苇坡，我感到了自己存在的真实，感到了灵与肉的自由，感到了某种解放与释放。

或许，这样的旷野采风便是一个人修复心智的契机，旷野采风，采回的是丢失的灵感和纯真，采回的是原野悟道的新尺度！

瓦屋听雨

在乡下老家瓦屋听雨，是一种绝妙的享受。

老家那片古屋，古在野，古在散，错落有致镶嵌在青山

丽水间，已有近百年的历史。人字形的屋顶上铺设的古色古香的青泥瓦片，或重重叠叠或独当一面，或拱背挺脊或仰身铺陈，每一片都有一种特殊的质感，每一片似乎都富含乐韵，次第相接的屋面形成天然的编钟。雨是世间最潇洒的精灵，也是最为高超绝伦的演奏家，瓦是专为雨设置的乐器，等待着天际大师的演奏。

那纷纷扬扬抖落的雨丝、那随风潜入夜的沙沙雨星、那炒豆般急剧迸溅的雨点、那伴随雷鸣电闪瓢泼如帘的雨柱……飘落、洒落、跌落、砸落古屋瓦顶而成就的交响乐，是一种能撩拨心弦、叩击思绪、震颤灵魂的黄钟大吕，是天帝对屋檐下生灵的喃喃絮语，是自然风物献给人类的倾情祈祷！

春深如海的夜里，潇潇春雨淅淅沥沥地下着，瓦屋四周沉寂，只有雨的沙沙声充盈着、散发着。雨水从屋檐上滴滴答答落下，这时候，你或是在一盏油灯下读一部古诗或小说，泡一杯清茶呷着，或是与几个伙伴下一局棋，会觉得特别惬意。春雨，时而稠些，时而疏些，你躺在床上听到的绵

绵雨声，那是长者的絮语，幼者的呢喃，在这样的春雨之夜你似乎还在摇篮里，你会睡得特别安稳。记得儿时，最希望这雨延续到白天，那是一个多么惬意又多么奢侈的属于自己的日子啊。

最富有激情和韵律的还是夏夜的瓦屋雨声。弥集天边的乌云成絮状包裹缠绕，被一记闪电捅了几个缺口，雨水便破空而出，那雨先是撒豆子似的在瓦片上滴滴答答翻滚，像是战役开始前的火力侦察，如此轮番掠过瓦屋之后，随着一声炸雷和撕裂长空的烈焰，战役便瞬间拉开，天河决口般的雨柱在瓦片上轰然倾泻。这时候，躺在瓦屋下，你会感受到一种喘不过气的山河迸裂般的重压，像陷入重兵围困之中。少顷，呼啸骤风切割雨柱转为时急时缓的滂沱骤雨密集轰炸，瓦屋里可听可感千军万马两军鏖战的恢弘气势，有战鼓催征、万炮轰鸣，有马蹄声碎、刀枪铿锵，那节奏章法稳健、那旋律似杂乱无章又包罗万象。此时听雨会听出满怀激情，神思游离，超然如斯。待骤雨过去，那雨便转入战地小憩，迷茫的高空弹射的硕大雨珠以其自由落体加速度纷至沓来，发出沙锤木琴清音，这时的瓦屋又是一个体验天籁的极好去处。听着绝妙的琴韵，你会觉得这雨不是打在瓦上，而是打在你的脊椎上，打在你的神经上，于是你的身心便整个融入天籁的交响，融入瓦屋、村野的静谧和谐中。

月是故乡明，雨是故乡真，只有故乡的瓦屋才能听出雨的韵味、雨的蕴涵！瓦屋听雨，听的是一种情致，听的是自己的平静心音。

窗前的那盏小灯

窗前的那盏小灯还亮着。它像征着父亲那无私的挚爱和博大的情怀以及所涵盖的慈祥与温馨。它将像一盏不熄的明灯照亮我的人生，教我如何地为人父、为人夫，如何地做人。

清明节的前夜，我从外地返回老家。

望着老屋窗前的那盏小灯，一种难抑的愧疚与念想像绳索一般绞着我的心。父亲不在了。风烛残年的母亲孤身一人在家，她好孤独啊！

我轻轻推门而入，母亲竟是患病卧床。见我归来，她欠起身子，看到我身上的雨星儿，关切道："快把衣服换了。还没吃饭吧？"说着，要撑着从床上起来，给我做饭。

我心一酸，忙扶住她："妈，您就躺着吧，应当是我侍候您的呀。"

望着老母蓬乱斑白的发髻，面对父亲的遗像和那盏小灯，我泪如泉涌，难以自制……

父亲在世时，家的温馨是难以言喻的。每年春节或在平时，一旦儿女们回来，父亲总是把我们当作客人待，他像一个佣人似地忙里忙外，天还没亮就早早地煮好饭，烧好洗脸水，甚至一支支挤好牙膏待着，把泡好的茶或盐开水送到我们的房里。我们有时睡懒觉，饭菜便热了又热，直到我们全起来吃过，他才草草扒上几口冷饭。早饭后，他照例要去一趟几里外的乡场街上，买回猪肝、猪肚、猪脚之类，撮一剂乡下人最推崇的"八珍汤"滋补药，而后乒乒乓乓炖了烩了，把鸡或鸭杀了，把酒温了，做出乡村人待客最丰盛的酒菜来，让儿女们吃饱喝足。每每此时，他总是一杯杯地劝酒，直喝得微醉方休。杯盘狼藉时，父亲已是醉意朦胧，可他从不让我们动手洗刷锅碗瓢盆，总是把我们推进房间去打牌玩乐、聊天扯皮，自己则不辞劳苦，下厨房洗碗碟，一一搭床铺，烧洗脚水。天冷时，还要冲几个暖瓶放进被窝里。

这样的夜里，窗前的那盏小灯是长夜不息的。等我们上楼睡觉，父亲至少还要上上下下两趟，或送一壶开水，或看看被子会不会太薄，酒有没有喝醉，人有没有难受，而后掖掖被子才离去。谁要是有个头痛感冒的，他在夜里便会像连长、指导员查铺查哨，不时上来察看，端茶送水。一天、两天如此，三天、四天如此，直到儿女们离去，他还要送一程又一程……

多少回，我对父亲说："爸，您不能这样。您一把年纪了，该是我们侍候您，而不该搞颠倒了呀。"可父亲总是说："爸活着能为你们做点事也是福分。等我和你妈都不在了，也就管不了你们了。"

父亲的慈爱是一贯的。无论是我们兄弟姐妹中的哪一个，无不倾注着他的浓情厚爱。记得我10岁那年，掏了一窝斑鸠的雏鸟养着。有一天，全家人不在，鸟儿被一个挑货郎担的外人偷去一只，我哭红了眼，父亲为此连夜赶了二十多里山路，硬是把那只鸟给追了回来。三弟上大学时，家里穷得没有一分钱，父亲没日没夜地开荒种地，靠着粜卖那渗透着他血汗的番薯米换来一点钱，细水长流地给弟弟寄去，直

到毕业。小弟几年前在部队上得了肝炎，父亲闻讯后不顾春寒料峭，跳进家乡谷底那条清溪里，摸了大半桶据说可以治疗肝炎的偏方——坑螺，炖汤送到医院，使弟弟病情很快好转。父亲以他那单薄、瘦削的双肩承担着家庭的重负，宁肯自己含辛茹苦，硬是咬紧牙关，把我们一个个送进学校，送出山村。

等到我们六个兄弟姐妹走向社会、成家立业，他已像一台长期超负荷运转的机器，由于零部件濒临报废，而积劳成疾，体弱多病了。

命运常常捉弄苦命人。1996年6月，家乡暴雨成灾，老家后山出现大面积山体滑坡，排空而下的泥石流摧毁了我家祖屋，几十年的心血一夜间寸瓦不留。灾难像一记重锤，把父亲击倒了。

从此他卧床不起，先是发烧、咳嗽，继而双肋剧痛、四肢无力，在乡卫生院吃药、打针、吊瓶，均不见效，人却日见消瘦。我们赶紧把他送到县医院拍片检查，发现肺部有阴影！医生先是当作肺炎、肺结核进行治疗，15天一疗程，结果也未见好转。再拍片，阴影丝毫未消。我们紧张了，让医生详细检查，发现锁骨处有一个肿大的淋巴结，遂进行病理切片，不幸发现了问题：肿瘤晚期，已向淋巴结转移！

如晴天霹雳，我欲哭无泪。父亲啊，命运对他太不公平了。我执意让他到省里大医院来治疗，哪怕延长一点生命也好啊。可此时的父亲变得十分固执，任你怎么劝说都不答应。他在县医院度过最后一个晚上，硬是急着要求出院回家。

拗不过他的固执，只好先送他回家。家，已被灾难摧毁，只好住在叔叔的厢房里。此时的父亲不住地咳嗽，吐出泡沫状的粘痰。每餐只能喝些稀饭汤。

父亲的病情每况愈下，肺部、全身开始疼痛，他被折磨得吃不下、睡不着。夜里间静，全身似有无数的钢针在扎；他从床头爬到床尾，坐也不是、躺也不是，身子缩成一团。不得不吃那种麻醉的药片了。先是半片、一片，后是两片。他像一个吸毒患者，靠药片维持着短暂的平静，可是药片所能维持的时间越来越短了。他的脸色蜡黄、青灰。由于吃不下、睡不好，身体在一天天萎缩。

看着父亲一天天承受这非人的折磨，我心如刀绞。这天上午，我给他喂着蛏干汤，父亲低声说道："我得的是什么病，是癌吧？这回看来是过不去了。"

他的眼神愣愣地望着窗外那条山路，像是问我又像是自语："要是当时去福州看，会有看头吗？"

我强忍着眼泪，再次提出送他去省里看。他摇了摇头，脸转向墙壁。此时，我才知道，父亲是多么想到大医院去看一看，也多么想能再活几年啊。可他怕连累儿女们，怕进大医院给儿女们经济、精力上带来太多的负担与牵扯，怕我的身体经不起这样的劳累。他懂得久病无孝子，儿女们都有难处，折腾不起。自己既已如此，也是命中注定。儿女们毕竟是更重要的。这样想着，他便决然地要求回家。而我们当时，也就这么狠心地放他回来了。回想起来，我们这些作儿女的多么自私、多么无情啊！

父亲已是瘦骨如柴了。此时的他多么盼望着子女能在身边啊。可是，我们所尽到的孝心却是那样的微薄。轮流着半月、一月回来一次，呆不了几天，父亲便又催促我们："病就是这样了，你们在家也没用。走吧，没打电话不要回来。"

然而，等我们离去，父亲总是趴在床上，久久地盯着那条伸向远方的山路，瞧啊瞧，像盼星星盼月亮一样盼着儿女们的下一次归来。父亲就是这样处处为儿女们着想：当我看到他痛得扭曲身子，扭曲了脸，要为他捶背揉身子按摩头部，为他分散点精力以减轻痛苦时，他总是发了火让我离他远点。他吃过的碗、筷、杯，嘱我们要另洗另放，倒他的痰盂要戴塑料手套。晚上，他为了能让我睡着，忍着剧痛，不喊出声。第二天起来，我看到他的嘴唇已咬出斑斑血迹。

到了必须打一支、甚至两支杜冷丁才能止一会儿剧痛的时刻，父亲知道自己的日子不多了。母亲见他痛不欲生，几次要打电话召集儿女们回来。可父亲总是阻止着，拖延着："未到万不得已，先别叫他们回来。"而自己的后事，他却早就作了妥善安排。坟地，父亲一年前已选定，寿板也早已备齐，寿坟也已于几个月前请人做好。留给儿女们的已没有多少"大事"。

那是暮春的一个雨夜，在卫生院当护士的妹妹在父亲的强烈要求下，给他打了杜冷丁，刀挫针刺般的疼痛暂时得到麻醉，父亲脸上出现了少有的安详，他望着墙上挂着的儿女、孙子的照片，渐渐睡去。就在这个深夜，父亲走完了他那充满坎坷与苦难的人生里程。而我们四个不孝之子竟没有一个在他身边送他上路！我们未赶上为他老人家穿上寿衣、刮一次胡子、洗一次身，他便去了。当我星夜赶回揭开已蒙上黑布、形销骨立、僵硬蜡灰的父亲遗容时，我无地自容了，我跪在父亲床头，头砸在床板上，我好悔啊！父亲的涌泉之恩，我未曾报答，我将愧疚一生啊！

许多东西只有在失去时，才会感觉到它的珍贵。要是当初我强行让父亲到省里大医院去治疗，要是能多一点时间陪伴他度过最后的岁月，要是自己出来工作时能爱在当下，哪怕带父母坐一次飞机、上一次餐馆、游一次风景名胜，或许不至于留下如此之深的愧疚与遗憾了。如今审视自己的灵魂，一切都已经晚了。叶子落到地上，还能重新飞回树杈吗？失去的永远失去了。

窗前的那盏小灯还亮着。它象征着父亲那无私的挚爱和博大的情怀以及所涵盖的慈祥与温馨。它将像一盏不熄的明灯照亮我的人生，教我如何地为人父、为人夫，如何地做人。面对风烛残年的母亲，我打心里说：再不能有另一回的愧疚了。

父亲的坟头已长出茵茵的青草。在周年忌日的暖阳里，我跪在父亲的坟前，点着三柱檀香，把那一叠叠纸锭化入火中。我仿佛看到那盏不熄的灯，看到父亲那慈祥的音容笑颜……

老宅晚宴

只有在此时，在这静谧夜的深处，自己才会淡然心憔，搁置芜杂与纷扰，净心想一想这一程走来，所定义与践行的生命意义与人生信念，从而擦亮那盏心灯。

那一夜梦中醒来，我突然冒出一个念头：回故乡的弓竹湾老屋住一宿。此念头一经闪出，不知怎的，那种急切的心情便像渴见阔别的初恋情人般难以抑制，以致每每搅得我心绪不宁。

其实，故乡的老屋严格意义上已不复存在了。几年前的那场山体滑坡，摧毁了几世同堂的祖厝。一夜之间，“门对青山千古秀”的我家四竖瓦房被泥石流撕开，只剩下左侧最边缘的两间厢房还顽强地兀立着。那次灭顶之灾，虽未造成人员伤亡，可六户人家已无家可归，不得不寄居在外。灾难，重创了几代人的生活元气。没多久，我的父母和一个堂叔便带着无尽的创痛相继离世，几户人家也相继搬出了弓竹湾。曾经红火、曾经充满生机和活力的弓竹湾就这么沉寂了。

淙淙的流水，漫地的野花，门前的风水树，阡陌纵横的田连，因为失去往日古香古色老屋的映衬和人气的喧嚣而失去生机。春燕和家雀因为失去温存的窝巢不再啁啾，惆怅离去，连那只凶悍的斑狗也一步三回头地跟着主人汪汪叫着走出了山村。

灾难摧毁了一个家族的生存空间，也打结了一个家族生生不息的一个时代。

岁月沧桑，一晃几年过去了。伴随着那种愈来愈浓烈的念想，当我在一个秋末把这一心事告诉兄弟姐妹。他们竟也一致萌发了故屋相聚的回应。

这是一个秋日的黄昏。我们踏上了故乡的小路。久违了，我的弓竹湾，生我养我的故乡！久违了，那曾经留下多少欢乐与梦魇的热土！沿着山间小道，走进那片废墟，一片苍凉跃入眼帘：冬日的斜阳木木地照着，那片被撕裂的山体已长出茂密的芦苇和蒿草，在祖厝宅基地的残墙断瓦缝隙中，几丛灯盏花随风微微摇曳着，像是迎接着昔日的主人。

只有那一片环抱着山村的风水树依旧显得精神矍铄，家门口那条印凿着我们无数脚印的小路两旁，当年父亲种下的“十八学士”花正开得灿然，散发出阵阵郁香。厝边那口水井虽被蓁蓁茅草覆盖，但水清如镜，淙淙不息。后山上的柿子、李子、梧桐树叶子落尽，正等待着“一岁一枯荣”。这一切，无不勾起我们对往日的追忆。

“劫后余生”的厢房依旧挺立着，多年的风雨削蚀把土墙冲刷出一道道沟痕，屋檐的瓦片也被台风刮走了许多。我们一行怀着极其复杂的心情走进老屋门前，蓦然发现门楣上居然有个新泥燕窝！老家人多年坚信一种征兆：谁家燕子啄新泥，谁家必是兴旺宅。从燕窝的光滑度和窝里羽毛看，这燕子不久要飞回来的。我们惊叹这小生灵在一家人离开多年之后仍然留恋此家，不禁令人感动。门框上春联已经褪色，那是三弟结婚时的楹联。门坎下松软的沙土上一种叫“穿山甲”的小虫子在精心淘制着一丘丘沙井，田田绰绰，煞是好看。

我来到二楼，扑进曾是我的“自由天地”的房间。许是父亲或是母亲的刻意保留，木板隔墙上的毛主席像依然神采奕奕，左面墙上还贴着我初中、高中时代获得的“三好生”奖状和我涂鸦画的十几张堪称印象派的“杰作”，窗台下的那个木箱里工工整整地放着我小学到高中的作文本。门后那个我制作的土镜框上，镶着发黄的老照片。姐姐扎着俩小辫斜靠在门前那块大石头上，我和弟弟小妹像小猴似的攀缘在老李子树的枝桠上，母亲和父亲坐在走廊的柴堆上，父亲手里拿着扁担，像是刚从地里回来，母亲手里搓着围裙，对了，这张照片还是我参军后第一次探家时给她们拍摄的。眼下也算是“文物”了。

睹物思故，兄弟姐妹们触摸着种种残存的家什，闻到了昔日家的气息，找到了许多儿时的记忆。

“咿呀，阿姐，这瓶癣药水你还记得吗？”妹妹不知从哪个角落发现了那个小瓶子。有一年，姐姐脸部过敏，长了很多丘疹，乡卫生院医生给开了一种药水涂擦。这一涂不得了，第二天一早起来，脸部全黑了，姐姐差点没吓晕过去，整整两天没吃没喝，双眼哭肿得像金鱼泡。好在半个月后，那一层黑癍渐渐褪去，脸上又恢复了昔日的容颜。最有意思的是二弟在墙缝里发现了父亲的“杰作”：一根用红纸圈了两头的“粪坑篾”（作用相当于卫生纸），这是每年春节，父亲为防止孩子说傻话、不吉利的话，而采取的一种“家法”：每当大年三十和正月初一，每个孩子都要用这种东西刮一次嘴，这样即便谁说了傻话、不吉利的话也没事了，就权当他放了一个屁，不具有“效力”。瞧着这两件“宝贝”，大家都乐了。一干人在屋里徜徉着，翻弄着，每一种家杂都孕育着一个久远的故事，每一个角落都隐藏着各自的秘密。古屋，成了人生的考古地，成了怀旧的博物馆，成了情感的回归所！

暮色四合，四周渐渐寂静下来。烛光下，大家把带来的各种食品摆成了“满汉全席”：城里菜肴、乡下土宴、煎炒荤素、南北风味、地瓜烧、青红酒，一应俱全。兄弟姐妹席地围坐，摆开了烛光晚宴。二十多年了，打从我入伍参军，兄弟姐妹相继离开了父母，离开温暖的窝巢，在大千世界里天各一方，还从未如此齐整地聚集在一起过，即使偶有相逢，也大都匆匆相聚，匆匆而别。大家为生活奔忙，为世事劳顿，从未有如此宁静、如此从容、如此洒脱的心境，在远离喧嚣、远离浮躁、远离牵挂的情态中坐下来，进行一次心的交流与恣肆。

大姐给大家斟满酒，端起酒杯提议道：“这一杯咱们敬劳累了一辈子，没享过清福的爸和妈！”六人举杯相向，大姐眼眶已涌出泪珠。在我们家，她是最早懂事、最能吃苦、

最能干活的，也是最孝顺的。她本是滴酒不沾的，可这一杯她一口干了！“你们在外都有出息，也算是告慰九泉之下的双亲了。”她抹去泪珠，用发夹挑了挑灯芯，发出哔哔的声音，烛光把房间照映得格外亮堂，大家心情也由此宽慰起来。

酒一杯一杯地喝着，一会儿是大姐敬小弟，一会儿是小弟敬大姐、大哥，不一会儿功夫，那瓶青红和地瓜烧已干了大半。从未喝酒的姐姐妹妹今晚也表现出“海量”，我们兄弟四人喝得满脸通红，一个个开始醉意朦胧。大弟醉意中讲起我那次放牛贪玩，牛犊吃了人家的麦苗，被父亲痛打，一气之下趁黑跑了，藏在老留湾石缝里不回家，急得爸妈到处找也没找着，而二弟竟冒黑给我送烤地瓜，最终也没向父母通风报信的“拉钩”历史，逗得大伙乐成了一团。沉浸在亲情的融合和往事的回溯中，姐弟们互相“揭露”着各自童年里做过的“糗事傻事”，一家人完全融入儿时那种相濡以沫的时空中。

在人的一生中，随着岁月的流逝可能淡忘许多往事，但那种血浓于水的亲情是永远也割舍不了的。父母不在了，那棵大树倒下了，但维系子女的根仍然潜在，今夜的相聚，兄弟姐妹之间无设防的倾诉、回溯、勉励、抚慰，正张扬着一种内在的凝聚力。此时此刻，我们多么怀念父母亲啊，要是他们健在，那将是一种多么幸福的场景！而今自己为人父、为人母、为人夫、为人妻，儿时的专利一去不复还了，多么想再撒一次娇、吃一次团圆饭，哪怕是再挨一次父亲的揍也是那样的向往和渴念！

贪杯的三弟已打起轻微的酣声，大姐和妹妹踉踉跄跄搀护着要去烧水泡茶。墙角的老鼠不知是闻到了香味，还是为昔日主人的回归而兴奋，叽叽喳喳闹腾开了，有一只竟闯到了我们跟前，二弟抄起扫把要驱赶，我连忙拦住：就让它们与咱同乐吧，久违了。见我如此“好客”，二弟往墙角洒了一大把花生瓜子，几只老鼠翘着尾巴跑了。大姐烧开水，泡了几杯“清明茶”让大伙醒醒酒，又唠开了家常。“家家都有一本难念的经”，兄弟姐妹们聊起各自家庭的酸甜苦辣，都感慨生活的艰难。不觉间，时钟已过凌晨。大家睡眼惺忪，七斜八歪地在大通铺上睡下了。

或许是过量酒精的刺激，还是久居城垣的缘故，此时我竟毫无睡意，索性披衣下楼，漫步那条熟悉的小路，在那棵老梨树下的石凳上坐下。远处，苍山莽莽，高远的下弦月时隐时现，晚风呼呼地吹着，茂密的竹林随风婆娑摇曳。在这寂静的万籁之夜，我的思维神经像游丝一般飘动着。人就是这样，平日里，步履匆匆，总不免沉浸于劳顿的浮躁中难以自拔，只有在此时，在这静谧夜的深处，自己才会淡然心性，搁置芜杂与纷扰，净心想一想这一程走来，所定义与践行的生命意义与人生信念，从而擦亮那盏心灯。我久久地思索着，眼前展现出一片绚丽。

时间在思绪的漫游中悄然流逝，不觉间启明星已经隐去，远处天边涌起一片红晕。我蓦然站起，不觉一头雾水。回到二楼房间，姐弟们尚在酣睡之中，一阵倦意袭来，我连打几个哈欠，加入到温馨的绮梦之中……

浴雪姬岩寺

山林在雪浴，禅寺在雪浴，原野在雪浴，飞鸟在雪浴，空气在雪浴。漫天飞雪下的姬岩寺，呈现出“浓妆淡抹多点缀，半是银粉半是翠”的境界。

这辈子，在北方看雪、玩雪已不是什么稀罕的经历了。可在这春深如海的南国故乡，在老家那片结实的土地上，真真切切地与鹅毛大雪不期而遇，不说是梦恋，却也不啻于见到海市蜃楼了。

猴年的正月初二，有朋自远方来，邀我踏访千年古刹姬岩寺，不曾想，“此物应天上有”的北国尤物，竟在这里与我梦幻般交融！

车子沿着崇山峻岭逶迤回旋了个把小时，停在姬岩寺山下。踏着爬满青苔的石阶拾级而上，行进在峰回路转的古道幽径，不知何时，仿佛在瞬间，那经年罕见的鹅毛大雪以铺天盖地之势扑棱棱筛糠般降落，我们霎时被此间神奇的力量掠进天际仙境！兴致与激动使我们加快了攀登的步伐，当我们一行登临姬岩山顶，山林、寺庙、原野已是银装点翠，参天古木、红檐翘顶、蓁蓁草木、石阶驿道在雪的洗礼中透出一种少见的清新。好一派北国风光！

我站在姬岩寺悬空伸展最具标志性景致的“一片瓦”上，但见“搅起玉龙三百万，败鳞残甲满天飞”，漫天飞舞的雪花纷纷扬扬、飘飘忽忽、跌跌撞撞、飒飒英姿，像无数精灵穿梭着，又如无尽的蝗虫扑面而来，你看不到边，望不到头，天与地熔化了，山与林融化了，时与空溶化了。此时此刻，我的脑际交替产生出一种多元的幻觉：世界在飘摇中，世界在停滞中，世界在喧嚣中，世界在静谧中……漫天飞舞的飞雪真真组成了一个“动感地带”，千年古刹因了无尽、圣洁的大雪而变得愈加生动与尊严。

随着凛冽的寒风，雪愈下愈大，越来越密。我平肩站立着，面对苍茫雪色，只觉四野皆空，像是进入梦乡，又像进入了某种禅定，一任飞雪横冲直撞，承接着雪花的舔吻与抚摩。我张开嘴，呵呵地呼着热气，承接着前拥后继撞入的雪花。头发白了，眉毛白了，鞋面白了，风衣也白了，足足有

数十分钟，我在接受着一种来自天际的雪浴！

是的，这是一种圣洁的雪浴。漫天的飞雪，形成慢镜头的喷淋，冲刷着周遭，我感到我的肉体、我的心灵、我的灵魂，正在接受一种来自天界的洗涤，一种醍醐灌顶的天地之清气穿肠而过，五脏六腑的浊气、废气被驱离殆尽，丹田深处的云海随着雪浴而翻动，脚底下一股气流在腾升。这种外在与内在动感的统一，使我有种飘飘欲仙之感。多少年了，我们的某种天性与灵感在城市的喧嚣与嘈杂中，在车尘与浊气的浸染与尘封中，近于退化与迟钝，而今天之天际雪浴是否冥冥之中上苍的有幸点化？我的内心由此生发出一种无比的虔诚。

我从入定的雪浴中醒来，无尽的大雪仍在纷飞着。呵，山林在雪浴，禅寺在雪浴，原野在雪浴，飞鸟在雪浴，空气在雪浴。漫天飞雪下的姬岩寺，此时的神奇之处不是北国之春那种遍野的皑皑雪海，也不是树树立风雪的粉妆玉砌、银装素裹，而是雪与自然风物的缤纷镶嵌。看吧，远处，逶迤山峰沉浸在苍茫的雪霭之中；近处，古木、竹林、山野赤橙黄绿青蓝紫的底色犹在，并未被飞雪覆盖，而是呈现出“浓妆淡抹多点缀，半是银粉半是翠”的境界，早春的新绿在银粉世界里透发出特有的生命光华。隐洇在山林深处的浴后古老禅寺，此刻更凸现出山之主体的尊贵与圣洁，构成一幅独好的南国雪景。伴着飞雪，静心聆听姬岩寺的雄浑钟声，雪落大地的轻盈天籁声，小鸟的欢快啁啾声，“一线天”下幽泉落盅声，我感到，这世界的美好在这里得到了最完美的组合！

人生的机缘，可遇不可求。姬岩寺的雪浴无疑要镶入我的自然之缘底册中久久珍藏。意犹未尽地离开姬岩寺，雪仍在无穷无尽地飘着。踏着爬满青苔的曲径下山，颇觉神清气爽，浑身轻巧。我不由从心里轻轻哼出：我爱你，姬岩的雪！

春之顿悟

人对幸福的体验与把握正在于对自身的不断扬弃，时时注意清理、删除心灵这个硬盘中过时的程序与垃圾，时时给自己卸去那些缠绵在身的“宝贝”包袱，保持一种轻装上阵的状态，让希望牵引思绪上行。

烟花三月下扬州，是一个富有诗意的机缘。适逢为时四个半月的“深造”之机，入于瘦西湖畔的扬州税院。

春寒料峭，院内五色腊梅欲歇还艳，柳丝儿刚刚冒出米粒鹅黄，垂丝海棠、樱花俏而争春，殷殷小草拥拥挤挤扎出小辫，纷纷扬扬的雨丝儿含着轻风、抖着乳雾让楼台亭舍陷入空濛。古色长廊上飞檐翘顶频频雨滴落于荷塘，种出浅浅的酒窝儿，引来群群小鱼欢呼雀跃，竹林里三三两两的鸟儿翻转啁啾，诉说着无邪的天真与快活。啊呀，春风、春雨、春草、春柳，到处绽放着生命的气息，极易让人想起点什么，抒发点什么。是戴望舒的雨巷，还是断桥边的残雪，抑或是徐志摩的康桥？

人到中年了，心毕竟年轻。岁月之铅华，给予了积淀，给予了成熟，给予了荣耀，也给予了困顿、痛苦和沉重。当我们懵懵懂懂开始人生单程旅行，面对着无尽的挑战和希望时，我们来不及作更多的选择和停顿，也来不及作更多的理性反嚼和舔伤歇脚，太阳便已中天了、过午了！如同当年八戒吃人参果，尚未嚼出味儿便已入肚了。岁月如梭啊！回望旅程之跋涉足迹，回溯自己所戳人生验讫之章，一种不尽如意之感怎样地撞击着心扉！有多少恍惚与反思啊！可是人生是一次单程旅行，你既已迈出，就义无返顾了。而今青春不再，韶华渐消，岁月之于你，便愈加生发出某种日益强烈的感慨与紧迫了。

我站在税苑长廊处，眺望着瘦西湖外春意萌发的柳丝，静观周遭花鸟鱼虫的躁动，心灵仿佛收到春天签发的绿色请柬，几近迟顿和冷漠的神情渐被某种感应所淡化。是的，此情此景，倒使自已进入了“春之萌动”的境界了。大自然的境界绝对是可供人类永远借鉴的大境界。太阳每天都是新的，大自然之万物生生不息。而人生呢，虽是一次单程旅行，可每一天却是“从未使用过的”！

当日历翻过新的一页，你将进行一次新的开始，你总是耕种着新的处女地，你有多少新的“第一次”和多少次新的选择啊！得益于这样的感悟，我们对自己的前行也就无怨无悔了。成功也罢，失意也罢，荣华也罢，落魄也罢，有什么好纠结的呢？你已经有过无数的体验和惬意，你已经收割过无数的丰收与回报，你已经经历了无数的占有和挥霍，你还有明天，还有春天，还有未来，你是多么的富有啊！纵有难以消解的痛苦、失落和艾怨，那也是构成某种快乐和如意所必须的填充和铺垫啊。

静观花开花落，春去秋来，体悟自然界万物生生不息，繁茂勃发，我幡然觉得：一个人对幸福的体验与把握正在于对自身的不断扬弃，时时注意清理、删除心灵这个硬盘中过时的程序与垃圾，时时给自己卸去那些缠绵在身的“宝贝”包袱，保持一种轻装上阵的状态，让希望牵引思绪上行，你将获得大彻大悟，你将青春之树常青，你将站在人生坐标的最高处！

春之时节易感怀，人生易老天难老。感受着春之声、草之萌、花之俏、鸟之鸣、雨之润，感受于大自然之博大精深的教益，我们将获得一种精神的启示，心智的活力！

秋之静思

咀嚼秋日，静思往昔，淡看云起，从中感受到温和从容，岁月静好的美妙。

第二次来到扬州税院学习，已近深秋。瘦西湖畔，白墙黑瓦依旧，镶嵌在丰实的绿韵里。垂柳撩着朦胧的垂帘，枯黄的沉美与静谧在秋的渡口徘徊。耸立的杨树打着手语，在黄昏中弹奏“秋日絮语”。一洼荷池，空蓬残举，渔舟晚唱。薰风的丹桂洒落花雨，散发着无边醉人的馥郁芳香。抬望眼，夕阳擦着白塔头顶，几片白云飘过树梢，一行雁鸣莺声婉转。操场上人流穿梭往来，短期的中期的各种培训班纷至沓来，你方唱罢我再来，领军人才在登台！

久违了，那种寒窗之感。坐在教室里，像小学生那样聚精会神聆听导师、教授、专家、学者的讲经诵典，重温红色经典的精神大餐，让思想的根、灵魂的质经受一次浇灌和熏陶。跟着老师，我们品咂五千年农业文明为什么没有文化自觉带领中华民族走过工业文明，而在现代文明的赛跑中落败？太平天国、洋务运动、戊戌变法、辛亥革命为什么没能救中国？随着课间铃声响起，莘莘学子“重回马克思”，与党的“老祖宗”作一次神聊，对老祖宗的精髓做一次正本清源的梳理。打开历史，倾听十月革命那声炮响，给斯大林、赫鲁晓夫、戈尔巴乔夫开个民主生活会，思索苏联东欧解体，反思列宁新经济政策内涵。

跟着老师的课件，从井冈山走来，高举星星之火，走过遵义，走过延安，走过雄关漫道，进京赶考破解黄宗羲周期律，欢歌天安门红旗漫卷。被引领的触角，在亢奋中醒来，伸进了讳莫如深的“文化革命”创痛之中。重温那段发酵的岁月，跟着小平摸着石头过河，走进春天的故事，我们明白了什么是初级阶段、什么是社会主义。韬光养晦、改革开放、扬眉吐气的三十年，让我们找到了中国特色社会主义，找到道路自信、理论自信、制度自信，找到了伟大复兴的中国梦！

历史是最好的教科书。“五个当代”教给我们什么？世

界是怎样变平的？中国将面临怎样的重大历史节点？太多的问号需要拉直。十几部“大部头”堆积案头。孤灯下老眼昏花，咬着笔头研磨马列毛邓的“三个基本”，咀嚼《资本论》的劳动价值论与剩余价值论，思索“两个必然”和“两个绝不会”，揣摩《旧制度与大革命》的魔咒，解读中国梦。从制度层面、政治层面、经济层面、文化层面观风测云，从思想路线、思维方式、宗教信仰、文化基因庖丁解牛，从历史事件、历史教训、近代案例苦苦求索，为理论基础、战略思维、世界眼光、党性修养滋润春雨，为辩证思维、战略思维、创新思维、底线思维引入灵犀曙光！

明月高悬，竹影婆娑，晚风习习，桂香郁郁。月光透过窗棂，如梦一般洒在税苑林间小道。思想的闸门由于放松而活跃。虽已几近知天命。思想之树长青。剩余价值犹在！风声雨声读书声，把包袱卸掉，把积垢铲除，腾出更多思想硬盘，接纳新事物、新挑战。

夜里秋雨，敲打窗棂，屋檐雨水打在棕榈叶上淅淅沥沥，发出均衡落地声，如同穿过串串碎梦。偶有一声大明寺的钟声悠悠传来，似更鼓萦回耳际。一阵流风，快递秋天签

发的名片，落入案头书页。咀嚼秋日，静思往昔，淡看云起，从中感受到温和从容，岁月静好的美妙。是的，绚丽之后终归平淡，平淡之中具有醇美。这个秋天，让我精心品咂了秋的韵味，走进一个更加广阔的新常态里。

心野摆渡

故土那山、那水、那情愫，早已深深嵌入人生最敏感的神经。蓦然回首，捡回那一份遗落在故乡村野的天真、单纯和青涩，重温依稀旧梦，回望心路历程，你会发现，记忆是具象的画屏，虽被时光反复淘洗，那一帧帧具象竟然愈发清晰明亮。

时光在匆匆赶路中，掀开记忆的帷幔。中年回眸，轻拂一缕尘封的心事，记忆之舟在村口那棵老松树下摇橹而过。摇晃的岁月里，故事已一串串老去，可被蛐蛐收存的童年之梦，藏匿于故乡鸟窝里的青涩秘密，放生在军旅营盘的青春叹咏，却如放飞的风筝，随着日历的翻动时时牵拽着思想的神经，让思绪升温延展。

朝花夕拾。故土那山、那水、那情愫，早已深深嵌入人生最敏感的神经。蓦然回首，捡回那一份遗落在故乡村野的天真、单纯和青涩，重温依稀旧梦，回望心路历程，你会发现，记忆是具象的画屏，虽被时光反复淘洗，那一帧帧具象竟然愈发清晰明亮。童年的每一个故事，每一段经历哪怕糗事也是值得珍存的。因为，那是以稚嫩的生命之笔，沾着风，沾着雨，沾着泥和泪的素描写生，留下的是极具个性的杰作，具有最淳朴的原创美学价值，浓缩着生命纹理和心灵细节。

上述这组所谓“人生写真”，零散记录少时种梦、寄梦、寻梦、追梦的岁月屐痕和生命摆渡，跳跃式映射本人的心路历程和情感意象。其中许多篇章写的时候颇觉沉重，读着也觉沉重，从童年到中年似乎总不时渗透着泪水与磨难。为什么要把这些沉重写出来？这是因为，那是一种真实、一种亲历，更是一种情愫、一种命运。当时光流过，记忆之舟往往更多停留于这些落寂的湖泊。生活中有些经历、有些磨砺，注定是要去经验的，绕也绕不过去，只有坦然面对，勇敢地走过去，才能走出一片天，到达理想的彼岸。

人生，不是一块平板，有点眼泪，有点五味杂陈，有点苦难或许才会真正体味到人生的别样滋味。果子只有经过苦涩才能变甜。把沧桑研磨成粉，汇入生命的年轮，磨难留给人生的就不再是疤痕，而是蓬勃向上、一路向前的标记。感悟了这一点，你就会觉得，苦难和沧桑其实也是一颗幸福的果子。因为那样的故事那样的经历，并非每个人都有的，必须感恩命运的赐予。咀嚼过磨难的苦味，才更能体会人生那些难忘情分的弥足珍贵。

时光之快，不觉间便已逼近耳顺之年。心野种梦，长成意象，中年守望，情归何处？放下沉重，自行不息。正如汪国真诗曰：“我不去想未来是平坦还是泥泞，只要热爱生命，一切都在意料之中！”

辑二

嫣然景致：游动的意象

依稀在梦中，仿佛在天国，似乎在蜃楼，一个冬天的童话在眼前定格。

——《雪乡之梦》

秋阳下的银杏树

秋阳满载宇宙深空的信息，弹射着霓裳般的羽衣，播洒着澹澹的明澈。银杏树的叶子瞬间被拷贝，被印染，被燃烧！片片金黄承载着春的蓬勃，夏的孕育，秋的凝聚，幻化成某种神奇，向周遭昭示其远古基因携带者的持重和凝练。

天际的绚烂，映衬苍劲的墨色，书写一种恢弘的支撑，那是顶天立地长者的潇洒。铁色的躯干枝条，凝结岁月的沧桑，张扬生命的力度。朝晖蒸蔚，层林尽染，树影婆娑，引无数遐思尽上心头。

仰慕的风信使来了，虔诚淘讨秋天的名片，希望衔遍广袤空间。银杏树却如禅宗老人，张开臂膀，抖了抖身躯，飘飘洒洒把一身的金黄撒遍了脚下的土地。顿时，大地交映生辉。竹林为之举幡顶幔，野草为之欢呼呐喊。是要把这片片金黄种入沃土吗？是要把这片片信息透过大地这个硬盘传遍周际共享吗？苍穹下，银杏树镶嵌在橙黄色的调色板中。

荷锄的耕者从山的深处走来，从夏与秋的接合部走来，面对满地落英，像走进虔诚的教堂，一股馥郁沁心而过，谁在焚香？蝉在晚祷。把日子往锄柄上拽紧，思想渐趋宁静却又充满企望。是春与夏的劳作后心怀感念的回归，还是秋实陶醉后的再次出发？抑或是冬的某种寻觅与探求？在秋阳银杏沃土三相和谐中，耕者作为点睛主体，显得格外灵动。

秋之美，令人醉。与谁同，但愿时光厚我。“莫道樵夫唯草履，天付与，青山踏遍青峰沮。”时间在历史的节点定格，画面在动感中静谧。苍茫空野，静静掩住一园幽寂，却让观者心的深处滋生迷痴迷醉！是银杏，是落叶，是秋阳，还是耕者？也许只有那片深存秋天信息的名片才能解密……

雪乡之梦

依稀在梦中，仿佛在天国，似乎在蜃楼，一个冬天的童话在眼前定格。

晨光、暖阳、凝雪、木屋、炊烟、旗帜、青林、远山……不知天上宫阙，不知何地何时，梦里寻它千百度的映像今昔有了真实的依托。

呵，宁静的木屋，拥拥挤挤，错落漂浮于皑皑雪海。昨夜，上帝馈赠了一个屋顶的奶酪，仙女赶织了千匹素绢，天公搓揉了一夜的面团。蓦然间，我感受到一种幸福的筑造，静谧的华构，天籁的凝聚，温馨的酝酿！

于是，那一片古拙的屋檐下，便演绎着流淌的舒适，厮磨的爱情，释肆的慵懒，放浪的形骸；演绎着酒的野性，茶的神韵，牌的魔力，炉的熨贴。

看哪，那缕灵动活化、悠悠飘忽的炊烟，把一个冬天的童话予以了最富有激情和诗意的诠释！

那是幸福的蒸腾，惬意的舒泄，安逸

的飘拂，悠闲的流露，温柔的撩拨，静谧的写生！那是动与静、内与外、山与雪、灵与肉的神奇融合！

在这个喧嚣的世界，在这个鞍马劳顿的芸芸众生，太需要这样的一个去处了。因为，灵魂需要休闲，心灵需要放飞，情感需要宣泄，肉体需要松弛，浮躁需要消解！于是，雪国里，屋檐下，一炉火、一坛酒、一锅肉、一壶茶，便成了一种驿站，一种向往，一种禅宗，一种满足。

寒凝大地，辉映周遭。袅袅炊烟，雪霁天晴。有几声婴啼，有几声犬吠。我闻到了酒香与奶味，听到了呢喃与鼾声，看到了唯美与和谐。

青山如黛，瑞雪如涌。雪乡之冬，充满温情；雪乡之美，魂牵梦萦；雪乡之梦，恒久悠长！

情迷流香涧

一脉古径，蛰于幽邃山涧，伸向流香深处。一座禅寺隐于青纱帐中，彰显仙风道骨。一杆新竹，与樟倾情共舞，絮叨古今风月。

这是武夷山北玉柱峰下流香涧的一个切片，这是仙界遗落在地球腹部的一个胎记。流香涧，山杂草木秀，馥郁春涧深，浮香绕曲径，日高花影重！

当你惊诧迷离于一种水墨丹青的质感和纤尘不染的洁丽，当你踯躅于葱茏静默的原野古韵和湮远年代的慧苑禅寺，你或许会从那一记清幽的钟声中，梦回南宋，追寻朱熹等儒门上士结庐于斯，悟道“静我神”之超然境界。

是的，古拱流觞，苔染野风，绿蔓芳草，朝岚夕辉。此情此景，可邀王羲之再续兰亭，可期李太白迷醉疾书，可致徐霞客重蹈旧履，可教张大千激情泼墨！

流香涧，沉寂于三坑两涧之腹。集岩韵茶香、紫藤槿篱、菖蒲苔藓于一炉，烩

古木翠竹、涧水花香、流云浓霭于一坛，经年陈酿梦意春光，恒远释放自然元素。当你旋入流香涧畔，你便穿越时光隧道，检索原始蛮荒，触摸自然之道。此时，野风从你肺部掠过，浮香从你经络穿过，涧泉从你血管流过，山雀从你神经飞过，你的躯壳，你的灵魂，便在冥冥之中被牵引，被拽曳，被摩挲，被陶醉。

于是，你会在世俗与红尘中警醒，在挥霍与浮躁中顿悟！你会发现，古往今来的沉淀，如磐风雨的刷新，真正能够历久弥新于人类心灵深处的，乃是那样一种简洁鲜活的永恒，乃是那样一种属于根的回溯与眷恋！

春寂寂，草芊芊。山含时光润，野枝翻叶中，儒门叩禅机，苍生共婵娟！

三坊七巷抒怀

没有哪一片街坊巷院会有如此殊荣！在这片唐宋遗风、明清鼎盛的闽越古城，三坊七巷以其“非”字型中轴结构，粉墙黛瓦石板路，坊巷相连院相依。凝一千六百多年历史，积人文精华之厚重，遂成“明清古建筑的博物馆”，近代史的陈列馆，显存的“清明上河图”！

江海交汇，地火龙脉。如果说那是一片福地，怎一个风生水起，人杰地灵！那片片密集相拥的屋檐下，坊坊出精英，巷巷树丰碑，曾经何等显赫地出将入相，金榜题名！

站在历史帷幕的深处，徜徉二梅书屋、黄楼亭榭、卓公祠里、甘液井旁、光禄吟台，抚摸岁月风物，眼前不由激荡着中华民族的飒飒精英方阵：叱咤风云的抗倭名将张经，威镇海疆的台湾总兵甘国宝，“睁眼看世界第一人”的历史巨人林则徐，点燃自由圣火的一代宗师严复，铁血捐躯的先烈林觉民、林旭；五子登科的

郭阶三；开启近代海军和船政之辉煌的沈葆桢、萨镇冰、刘冠雄；文学巨匠林纾、谢冰心……44万平米200多座民居走出一百多位照耀历史的政治家、思想家、军事家和文化巨人！

壮哉，三坊七巷！你是岁月沉淀的瑰宝，滋养卓越的风物，时代精英的摇篮！从历史长河走来，榕城儿女以其海纳百川的博大情怀、波澜壮阔的非凡人生和气壮山河的旷世之举，向世人揭示福州人文气质的精神内核，挺起铮铮铁骨的民族脊梁，创造了无与伦比的传奇与不朽！

而今，穿流在坊间巷里，看斗转星移，让凝固的旗帜挑亮来者的心灵航灯，接受一次精神洗礼与灵魂拷问，无不感怆殊甚。月色下，我看到先辈泊在未来驿站的航船，又已加力启航！

豪饮沧桑

冬的肃杀，霭的深锁，灰的凝重。一尊老树如一记黑色的闪电，从历史深处伸展开来。

集结的雾，散发着薰衣草的乙醚，让冬日酣睡。山在梦中，水在醉中，天地间一片混沌。恰应了陈子昂的“前不见古人，后不见来者，念天地之悠悠，独怆然而涕下！”

空濛的水面，箭射出一对精灵，突围的风姿，犁破时空的缄默，剪碎岁月的沉闷，切割阴霾的封堵，在蛮荒与苍茫的闭锁中劈出一条路径。

此刻，天地黯淡，雾锁周遭。如磐风雨将至，暮色或将四合。何去何从，前程未卜。水中精灵浩然挺进，行板如歌。犁开的浪履，释放着进取的坚韧；昂起的头颅，高举着信念的旗帜；前行的指向，播种着憧憬的希望！

呵，强劲的生命伴侣！那种豁达，那种默契，那份笃定，那份洒脱，何等震

撼，何等动容！这一刻，让我记起创世纪的亚当和夏娃！这一刻，让我不由吟诵“暮色苍茫看劲松”。强者，需要豪饮沧桑。生存，需要无尽突破。

原野的风，悄然潜进，稀释着霭的凝重。水中精灵进击的啁啾水声在天地间成了最强音。于是，凝固的空气开始活泛灵动。让冬日挣脱雾霭的桎梏吧，让酣睡的萌芽醒来吧，让冬眠的布谷鸟早些报春吧！

苍劲的老树，舒展开铁骨之筋，幻化成无数纤纤之手，为水上精灵指津引航、织网呵护，为生命主体引吭吟唱、疾书喝彩。沉浸在梦魇醉意中的山灵毓秀也渐渐醒来，吞晦吐明，呼唤吉祥！

淌过岁月沧桑，承接历史轮回，诠释爱的真谛，铺展生命里程。一对坚贞之侣坚信：咬定目标不放松，希望已在前方等待！

倾盆的雨花

倾盆的雨花，携带着愉悦的子弹横飞迸射；瓢泼的水团，裹挟着惬意的珠炮，狂轰乱炸。沸腾的江面，鼓乐齐鸣，百舸混战，千众雷动。

泼水，点燃了一场快乐的战争。瓢泼盆倒、桶掀枪射，但见战场深处水帘抖擞、水扇扶摇、水珠飞溅、水花灿烂，交织的抛物线，施放出晶莹的触饵，抛钩一颗颗驿动的心，飞旋的水珠，以迅雷不及掩耳之势，掠过富有弹性的肌肤，诞下潮湿的惬意。尖叫声、鼓点声、击水声由此鼎沸激昂，壮观异常！

“泼湿一身，幸福终身！”这边厢，英俊的小伙左冲右突，挡不住娘子军的攻势，且战且喜，落汤湿透，雄性勃发。一个个把灿烂写在脸上，把性感凸显裸露，把快感呼之周遭。呵呵，透心凉，心飞扬。那一刻，有初恋触电之麻酥，有仙瀑裸浴之快哉！

是谁，点燃了夏日的激情？是谁，策

划了这场快乐的战争？是古印度“浴佛节”的灵感，还是风情万种的傣族姑娘？或许脱胎于母腹乐园的亲水基因才是本源。因为，人类在胎动时就留下的如此秉性！

人是需要快乐的。快乐是需要营造的。营造是需要交互的。我被快乐撞了一下腰！水花让我开了怀！缠绵而肆虐的水花，随着红男绿女纤手的抛射，喷薄而出，带着一个祝愿、一种体温、一支玫瑰，承载着幸福的密码，撞击肌肤，撞击心灵，把快乐天女散花，把愉悦尽情分享。

旌旗奋。鼓声急。龙舟劲。吼声沸。让淋漓的雨花来得更加密集些吧，让“暴风雨”来得更加猛烈些吧！把尘封的童真复活，把久存的负重卸载，把心灵的积垢涤荡，把抑制的激情迸发，把人性的本真亮开！

飞天的花毯

是飞天几千年织出的彩练花毯，还是仙女晾晒在赛里木湖畔的云霞缎锦？是亚当夏娃寄存在东方天国的梦幻伊甸园，还是英国作家詹姆斯·希尔顿《消失的地平线》描述的隐藏在雪域高原的香格里拉？

如果没有来过此地，你不会相信确有天国。如果不是离开此地，你不会知道魂牵梦萦！有些风物，你瞧过一眼，就将灵魂出窍；有些地方，你去过一次，就将终生迷恋！

你看，一张风情万千的花草毯子从远古铺展现今，极尽岁月风华，依旧生机灼灼绚烂无限。一组充满灵性的宝石，让天帝把玩了几千万年，沁入历史体味，愈发胴体剔透鲜活湛蓝。一条葱郁莽莽的林脉，承载收藏着成吉思汗往昔的雄浑，在地球的眉毛上延伸，愈显苍劲灵动、浓烈青黛。

昨夜，星辰吹了个集结号。赛里木湖畔，流星雨种下的五色野花，凝结酝酿了

一个世纪的生命精华，在这里宣告花的奥运！无际盛开的薰衣草灯盏花，是亭亭靓女高擎奥林匹克火炬，高举高原人的马奶酒杯，绽放着青春的别样清丽，张扬着生命的无尽辉煌。

蔚蓝的苍穹下，花的跑道从蓝宝石大山的深处拓展无疆，引无数寻梦的心绪启航。人类骑在马背上，向着历史与未来的夹缝寻觅。抓一把空气，塞在心灵深处，向着天山祈祷，便有一种圣洁注入生命的重构。岚山、青林、花地，融成一体，融成最完美的太极，诠释着惊世骇俗的清艳！

“西来之异域，世外之灵攘”。江山此多娇，众生寄梦处。大美大彻大悟。如诗如梦如幻。

灵魂的圣域

那一点的经纬度注定是天帝所戳。要不，沧海桑田、海底抬升，山体切割，冰川运动，玉龙雪山何以兀自横空出世！

似水流年，造就了一尊神。蔚蓝的天幕下，雪山枕着地球之巅，超脱红尘，积玉堆琼，沉蒙迷醉，恰似一熠熠闪光的卧佛。雪是她冰清玉洁的肌肤，雾是她通灵活化的胞衣，纤尘不染的蔚蓝是她剔透净体的海洋。斗转星移，仙山吞云吐月，捧日摘星，听风云叱咤，看世态万象，察天体运行，铸生命巅峰。好一个“沧桑演绎轮回转，我自岿然任尔横！”

站在雪山脚下，仰望那座神，你会立刻被一种恢弘与旷洁所震撼，你会深刻感受到一种精神与物态的强烈落差，你会鬼使神差生发出一种无尽的景仰和渴望。

流云蒸腾着，蔚蓝波涌着，晴日映照着。嶙峋万仞，雾重絮飘，龙甲皑皑，岚雨流风，百态迷幻。记不清多少世纪了，雪山的神眼微微开合，带给世界一片祥

和，张扬天国一片祺瑞！于是，此处成为佛国寄梦之域，灵魂栖息之所，精神皈依之地。

“身在辙，心欲飞”。万载雪山引出千年寺庙。且看红檐翘顶错拥，万方黑瓦密连，经幡红幔招摇。雄浑古朴的鼓乐渲染着沉重的共鸣。浓荫中伸出的几棵老树是点燃的檀香，无数虔诚者携带着数万个五体投地印遍雪域的叩拜，俯伏在苍穹下向着神祈祷与吟诵，传达出一种亘古不变的肉体寄托与精神追求！

雪域仙山秘境长，泄玉流穿古寺旁。雪山与寺庙，尘世的两极。正应了顾城的诗：“你看我时很远，你看云时很近”。把欲望拽出，把身心洗净，把累赘清空，用生命的涅槃找到接近神的密码，朝圣者坚守精神的高原，才有可能向神靠近，或者幸运地闯进玉龙搁浅的梦境，为她洁白的纱巾别上一朵五彩云霞！

秋韵

衔着一缕风，秋吻了山的腮帮儿，原野顿时羞红了脸庞。风潜入季节的门户，打开深秋的门栓，趁机涌进来，喝了一坛陈年老窖，一下子就醉了，晃晃悠悠，卧于一片金灿灿的世界。缠绵的流云，像多情的花花公子，在峰峦错拥的丰腴佳丽间流窜猎艳，向秋韵发起爱的包围！

秋水长天，银汉无声。但见荒草萋萋，执金针银线，用生命的涅槃，织成金灿灿的绝世缎锦。蒹葭苍苍，吞晖染赤，风干了体内世俗，秀成通体剔透的圣洁檀香，向着周天集结朝拜。几丛秀枝，承接秋的嘱托，在浓墨重彩之中添了几多长者的点缀。万径芦花，吐纳春华，摇曳吟唱着如歌行板，给蒲公英寄发出千万个秋实的梦。原野渺渺，山在变脸，云在蒸腾，苇在燃烧，夕在泻金。流云百态，阳关走马，气贯长虹！

寥廓山野，好一个醉人的秋！山的秋韵，恰似怀有身孕的少妇，丰腴而恬静；

山的秋韵，宛若闺中玉女，穿着金色嫁衣，唱着美丽的童谣；山的秋韵，酷如壮实汉子，醉卧于沃野，酣睡于惬意无尽的梦；山的秋韵，是大自然烤制的精美圣品，以其千秋物华震撼苍穹！

这是一首静谧的诗，这是一个缠绵的梦，这是一杯醇酩的茗！山染修眉苇熏云，看原野尽染，一半秋山带夕阳。蓦然间，想起辛弃疾："觉人间，万事到秋来，都摇落！"何日里，去繁务，身心入，抚一曲羌笛，流连在秦风汉月唐诗宋词中。携一介妻眷，饱览于大自然奢华的天籁之宴。抿一壶浊酒，沉醉在旷野落日余晖下。采一径芦花，品嚼远离尘嚣的岁月滋味。看雁阵远去，观落日余晖，听喃喃花语，有如风来有如风去，岂不快哉！

通仙之约

今夜，世界被抽象出一种空灵。一尊王者与一轮皎月应通仙之约，盛典风云际会。咫尺凝眸，银汉守望，星际缘聚。如泣如诉，惊现一种自然情愫。若即若离，铸就一种天地默契。王者用黑夜浸洗目光，温热灼灼的迷离，月华素颜淡彩，轻挽簪鬓，浅露蒙娜丽莎的微笑。这一刻，被流浪的星抢按了快门！于是，时光凝固，旷世情景在银河星空的底片上曝光，飒飒定格而飘逸出岫。

茫茫天庭，荡荡九霄。酣畅淋漓的禅聊，海阔天空的神侃。一种急切与期待，掀动心海万顷碧波，袒露心底万仞哲思。有多少沉淀的情愫需要倾诉？有多少幽冥的心思需要磋商？谁在见证这一历史时刻？谁在谛听两个星球的啁啾？桂香郁郁，楚天无声。只有空气在悄无声息地记要着这流淌的时光。此刻，月并未满，山抿柔情。原来，任何风物都需倾诉，任何圆满都有缺憾，任何坚韧都含柔道，任何禅定都存多情！

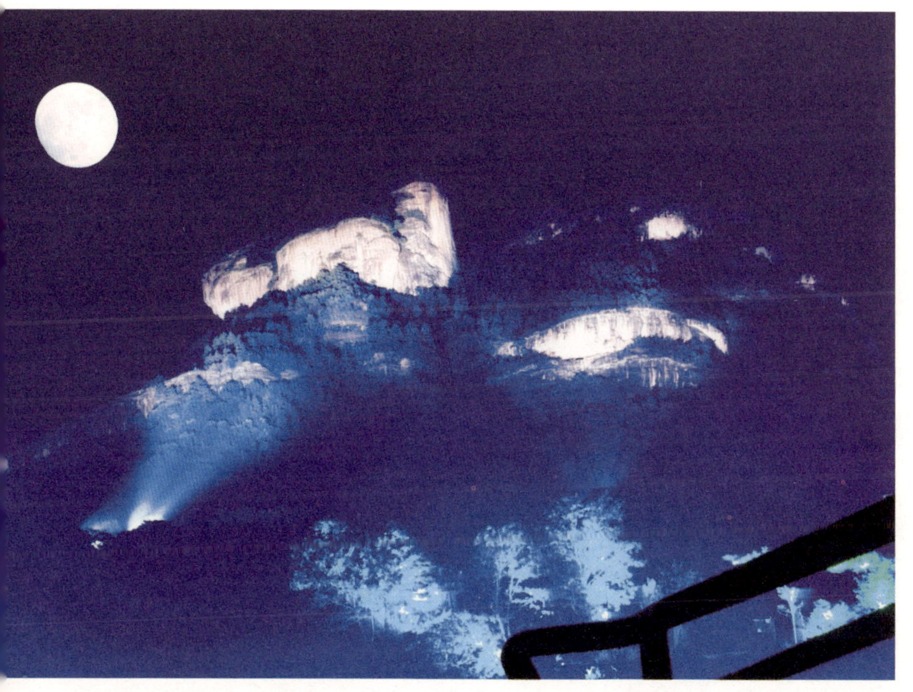

今夜，九曲流觞，幔亭招宴。且举清溪陈酿大王之酒，呼芳樽于夜光，与皎月千杯尽饮，一醉方休，管什么时光流逝、海枯石烂，管什么风花雪月、地老天荒，任天涯之外惆怅漫过，让往事轻碾成尘，把天际苍凉揉搓成茗，泼洒千山叠峦尽染岚色的旖旎，唱一曲《九曲棹歌》，长圆此夜。酒色阑珊，今夜无眠。王者醉意朦胧，皎月赧红氤氲。“我歌月徘徊，我舞影零乱！”快哉！今夕酒醒何处，晓星叩扉意犹未尽。

君是如此得近，君是如此得远。相逢意难尽，长向别时缘。今夜月明人尽望，不知秋思落谁家。此生此夜无鹊桥，却也长留断鸿间！

静享坦然

斑驳的廊柱，嫁接着阳光与晦暗，支撑起陆离的时间隧道。透过圆拱的斜阳，躺在古宅一角昏昏欲睡。厚重的黑色从周遭挤压过来，与阳光对峙，似在角逐那片时空。

老者背靠历史的隔墙，在昨天和明天的驿站歇脚。斜阳给了他一个聚焦，恰一个油画大师手下之思想者之意象。沉浸的岁月，囤积着沉默。沧桑而安详的老者，把着扦插的拐杖，目光抚过渗透汗味的诸般风物，静谧地咀嚼往昔的一帘幽梦。

曾几何，那厢房，流落着烛光红幔的缠绵。那廊道，演绎过生生不息的喧嚣。那灶台，蒸煮着平淡往复的日子。那酒缸，浸泡着落满青苔的故事。那柴扉，深锁着乡村的风雨雷电。此刻，他听见了娃儿啼哭，鸡鸣狗吠，燕儿啁啾；闻到了几缕青苔潮气，几点农家尿骚，几声岁月爆竹。黄昏，令往事座无虚席。冥冥中，记忆的存折蓦地打开。睁眼时，却见壮岁风

情已被暗销。红颜老去，韶华不再。光阴恍若流水。守望着老屋，淘洗记忆的陈旧，一种惬意与怅然纠结着老人的心。一只通灵的狗，嗅解人际沧桑，舔吞寂寞摇曳温存，在历史的通道上与他踽踽同行！

生活正被记忆翻晒着。时间如一把钝刀，一厘一寸切割着那份存量。黑影在磨牙。阳光在萎缩。思绪在抗争。生命在禅修。老者背靠岁月驿站进入一种坦然，静享云钟晚唱。渐变是人生的刚性支出。种植的日子已经收成，人生的足迹已经验讫，世事的沧桑已经抚平。当黑色弥漫时，把疯长的日子收割成垛，用手中拐杖挑开一块天幕，采几缕月光再酿一坛酒，还可醉饮一番。门外，那捆干柴，足以煮一锅沉静，熬一锅知足，长享人生清福！

鸟的麦加

没有遮拦的天堂，迎来鸟的麦加。牵着柔曼的歌声，衔着逍遥的快感，千万只精灵撞进帕米尔雪域的阳光瀑布，接受风的圣洁沐浴。暴雨、波涌般的飞鸟，把太阳啄在嘴上，当绣球争抢，反射着熠熠的光辉，且歌且舞，纵横捭阖，给雪山绽放一场无与伦比的万国航展，演绎一场堪称绝唱的空中芭蕾！

让自由尽情挥霍，把潇洒写满天空！交织着天鹅湖的靓影，维也纳的交响，朝觐者的空灵，梦在翱翔中分娩，欲在追逐中舒泄，乐在盘旋中传递，情在嬉戏中着陆！那是千万只放纵的眼睛在眨动，那是千万颗飘逸的种子在飞翔，那是千万个激越的音符在跳荡！

远处的雪山醒了，欲嗔却暖。蓝色的阳光一把扑过去，趴在宽阔的怀里撒娇。胡杨林痒痒地伸出千万只手，抓住风的衣角把玩。枯黄的草也跃跃欲试撩开充满皱褶的胸襟开怀喝彩。

天堂的妙处，自由的旷宏，让人类叹为观止。当空气被装进易拉罐出售，当阳光被城市套上污染的滤色镜，谁能拥有这份奢华？谁还拥有解放的天性？人类，什么时候能学得聪明点，给自己留一片天空，还自己一片自由？

风在祈祷，让这千万只神鸟衔一把钥匙，飞进人类眼球，飞进那些智慧灵长之心脏，开启那把锈蚀的大锁吧；借一柄啄木鸟的利器，戳穿那个愚蠢的皇帝新衣，剪碎心灵与肉体的桎梏，啄醒那根麻木的神经吧。飞鸟发出庄严而神圣的嘶鸣。它们感受到一种示范与拯救的使命。长空群舞，酣畅淋漓。作为群，它们在为另一种群在历史的隧道上引航掌灯！

生命的缠绵

春，握着一柄黎明的枪，一发子弹穿透暮冬贫血的心脏，季节的战争宣告结束。蛰伏的绿，瞬间包抄原野，主宰世界。风被绿的闪电换了皮肤。雾被绿的基因作了嫁接。空气被绿的溶剂融化返青。太阳被绿的羊水浸泡失去坚硬。嬗变，像一群喝醉酒的马匹，突破季节的围栏，汹涌着奔向茵翠的草地！

俯伏地母之腹的种子，谛听春的风铃，挣脱脐带，破壳而出，举起勃发，挺起阳刚，向天空注册。此时，春雷低吟，溪流蠕动，阳光妩媚，岚雾缠绵。悄然间，生命在萌动。成长在拔节。活力在鼓涨。青芽以坐标的态势，舒展顶天立地的分蘖，张扬接纳世界的霸气，告诉风，告诉雨，又一个新生代的赫然出世！今日的稚嫩将焕发明日的参天大树！今日的宁静将掀起明日的狂风巨浪！滋长的葱茏，覆盖生生不息的土地，诠释四季轮回的宿命。剪一片春芽，种在梦里，一畦春色就绿了心灵。

葳蕤的叶尖，露在筑巢。包裹阳光，汲足雾气，压榨黑夜的潮湿，露把自己充盈成最丰腴最纯洁的少女，在黑夜里集结。怀春的执着，延着青芽的根部攀爬，用一种舞者的身姿向上衍生，在黎明前以身相许。不管此生命运吉舛，不管此生祸福旦夕，露已义无反顾，寄望于缘，托付于愿，倾情于斯！缠绵的爱情让青芽迷醉。如此的晶莹，如此的高洁，如此的重托，受之应是前世修身的福分与天意！大地响起春之声的交响，绿韵摆开春天的盛宴，为一种生命的奇缘，共生的缠绵弹冠相庆。

君是春天嘴里的龙珠，君是塔尖上的舞者，君是稍纵即逝的迷幻！有你的日子就有滋润。青芽一夜间身心感奋，蒙生顿悟。成长的神圣却上心头。露在绿叶的心尖酣睡。露在新苗的血管里流淌。露在编织绚丽花环的憧憬中把生命交由。别惊扰它们！快掐住风的脖颈，别让它碰落露的圆满！快挡住太阳的光焰，别让它烤干露的丰润！快掩住闪电的嗓门，别让它惊扰露的好梦！守住那一份美好。长留那一份呵护！

苍山郁郁，绿水悠悠。“最是一年春好处，绝胜烟柳满皇都。”

蒹葭苍苍

飞逝的岁月，在时光的隘口，遗落一处秋韵秦风。苍苍蒹葭，半在水中半裸身，迷醉于天籁的洗礼。轮回的炎阳风霜，风干了体中浮躁与铅华，脱胎成最富生命质感的仙风道骨，在茫茫秋水之上，站成亘古的宁静，铺展季节的辉煌，撩起一派水村山郭远古的旗风。

一颗熏染秦风的种子穿过诗经、史记，击中我的潮湿心野，长成一个决堤的热望。我把躁动的梦搁在蒹葭的草尖上，也把无尽的惆怅和绵长的希冀，放牧于静谧的洁白小屋。从此，讷讷地望，静静地听，痴痴地盼，切切地思。我在尘缘之外，梦的小屋，等一个人。等那一年、那一日、那一刻，伊人长发飞扬，紫裙飘逸，婀娜临风，青春芷兰，如天工开物，如睡莲流莹，如红日浴海，如飞天入梦，款款入怀！等那一刻，天地停顿，时光静止，灵魂融化，愉悦穿心！

水泽茫茫，蒹葭萋萋。夕照如霜，静

谧无声。所谓伊人，在水何方？几番尘世几流连，日升月落云卷舒。我用热血点燃烛光，用激情燃烧痴狂，用灵魂梭巡天宇，想象伊人撑一片扁舟击水而来，乘一匹快马驰骋而至，驾一只仙鹤飞天而降，借一袭夜幕不期而遇！原野寂寥，一湾柔波浸日煮月，酿了一潭香茗陈酒；赭色大山拱起阳刚，豁开一片萧关古道；清澈流云挟裹雾霭，营造一派朦胧氤氲；采采蒹葭高举火把，收购一网彼岸光阳。伊人啊，为等悬念一鉴开，天光云影共徘徊！

我在等一个人。曦明时，我在等。夕暮时，我在等。我在梦的小屋煮水品茗，举子自弈。我在蒹葭丛中观河测海，抚风接日。屋里时日短，往事已千年。时光荏苒。山静了，水静了，树静了，心静了。爱是水做的。等是一种空灵。幸福须要等待。相逢已在赶路。好梦总在醒前。我要等朝朝暮暮，海枯石烂。我要等地老天荒，生命轮回！

时光被历史切片，珍藏于眼的博物馆中。天宇下的风物几近标本。苇子熟了，半在水中半露身。我猛然顿悟，那芊芊蒹葭，便是伊人的魂、伊人的魄、伊人的玉影。我忽然明白，那茫茫的水便是自己的魂，自己的魄，自己的躯壳！所谓伊人，已在心灵的水中央！

天宇之门

两棵树伫立于天地的接合部，宣告着生命的起源。随斗转星移、银河流逝，长成蓬勃的具象。洁净的天宇呈现天与地的永恒太极，凝结着阴阳明暗两仪的禅宗。蓝色浑然，漫展无疆的时空。站成创世纪的两极，两棵树挑破混沌，给时空吹了一声惊世骇俗的口哨。于是，种在黑夜那片无垠土地的太阳种子，跃出黎明的眼睛，从具象的圣门中挤进来：把光播洒太空，把热传递给空气，把七彩冉霞赠予蓝色的星球，把生生不息和灵动赋予万物之灵！

或许，那是一道宇宙之门。世纪的一道闪电曝光了世界的本质。两棵树在宇宙的底片中被抽象出无尽的空灵。世界本是有与无的转换。一切的复杂最终归结于简单。树的旗帜戳指历史的坐标，遒劲的枝桠张扬生命的力度。永远的距离、永远的坚守和永远的凝眸塑造出静谧神化的情愫。太阳的灵动，转动了世界的法轮，唤醒了万物的进化。站立于太极之核的两棵

树与太阳的交织，向宇宙深空释放着自然、历史、社会的秘密，发放着过去、现在和未来的密钥！

“仿佛永远分离，却又终生相依”。对着宇宙的底片，凝神久了，你会发现两棵树就长在你的心头，太阳已被眼睛收藏。从此你便获得一种洗净铅华的空灵。由于空灵的无垠，你的思维候鸟可以无忌地迁徙、你的灵魂之鹿可以无度放逐，你的心灵风筝可以无际放飞。你会发现，一种终生挥之不去的若真若幻、若浓若淡、若明若暗、若有若无的意象，久久萦绕身际。每每回放，你便激情狂涨，思绪狂飙，梦想狂舞，意念狂飞！

哀牢山，红河谷

一片不胜娇羞的妖娆，令阳光倾倒。躁动之下，打开季节的仓库，倾其霓裳缎锦，献上最迷幻的奢华与浪漫。于是，那占据天地、莽然壮阔的一袭梯田，便流光溢彩。千万片色板，千万面明镜，千万条流苏，千万根曲线，千万重皱褶，千万道落差，以其气贯长虹的舒张，筑构出惊世骇俗的震撼，尽展大地雕塑之非凡！

哀牢山，封印着神的箴语。受了点化的哈尼人魂归梦醒，猛然发现族群的根已扎在脚下。从此，一个民族经年不息，在大山深处卯劲垦凿，开天辟地，繁衍生息。岁月流逝，哈尼梯田终成大器，纵贯时光经纬，从天边垂挂下来，以母仪天下的雍容和婉约，随峰起伏、随弯流转、随坡爬升、随垅折叠，缠缠绵绵，承转启合，柔密相依，方圆济接，高低照应，绵延不绝，一泻红河谷畔，把一个山地稻作民族的脊梁，亮亮堂堂地打开在滇南别致的天地间！

哈尼梯田，那鳞次栉比的田园，分娩五

谷丰登，承载梦想希望，淘洗创痛苦难，涵养万物生灵。那亘古不竭的涓流，穿过哈尼子民的血管，以其惊心动魄又静默无声的生命律动，充孕万丘稻田之丰腴，滋润青苗生命之光华，浇灌金秋硕果之甘甜。那千条万绪、丝丝缕缕的土塍曲线，是哈尼人抛出的追赶春天的缰绳，刻录着哈尼人世纪劳作的南北回归线，打结着缸满仓溢的秋收之沉甸与金黄。那镶嵌田间地头的婆娑山林，站成钟灵毓秀的殷殷守望，掌控着季节和时光的变脸！

好一派彩色的田野！恰似一多声部多弦律的古琴，光洁的田丘坚守矜持的严谨，渴望季节的叩门。流水穿过门户，把流动的生命托付。牛的足迹收讫耕耘的印戳。犁铧穿过泥的酥胸，给激情施肥。田田水面波光潋滟，似待嫁的新娘，鼓涨成熟的丰满，等待布谷鸟的一声口令，承接白马王子的播种。春风在田野里采集叶绿素。迷路的雾被流浪的风含在嘴里。一只雀儿衔着春天的名片，叫卖虫鸣，出卖乡风。乍醒的田螺浆洗昨日回忆，乖戾的泥鳅与青蛙讨论着健美的交易！

天地人的和谐，山水林的共生，光影云的契合，诠释哈尼梯田的博大精深。光影陆离，云卷云舒。太多的故事在时光的隧道里渐行渐远。人类，在无度挥霍的异化中，须臾不可忘记，那是种群赖以纯洁与活力的生物圈、生态圈！

山居秋暝

一个绮丽的梦被季节撞落，洇成一片如幻江山。浸染秋色的层林，浓妆淡抹浮动于暗香之中，橙黄茵岚错拥于跌宕色差之处，黑瓦白墙镶嵌于深幽寂邈之腹！

声凝密林里，色乱交叠中。怕是昨夜，枫林偷得嫦娥一抹胭脂仓皇涂抹，红了羞赧的脸，染出一片深浅不匀的橙黄；杜英笑弯了腰，舒展雍容的青翠，高举浓绿的流苏，把肥硕的胴体摇曳。

秋色沿着榛栗的根须爬升，把最后一袭密码注入浆果，散发出成熟的诱惑；捋着长者胡须的松林，执著羌笛与鸣蝉低吟浅唱；竹林手拉手抱成一团，嬉戏着藏匿于阴影的光斑。秋的羽纱晾晒在青纱帐上。大地已怀有身孕，醉迷于明年的分娩。阳光把七彩绿荫捆扎，把树的絮语刻入叶的光盘，存入时空档案。

山居隐含在层林尽染的五色梦中。如同一朝皇上，在风和露的盛宴中，坐拥于风情万种的无数妃子的温柔，惬意无限。

躺在七色绿荫的胞衣里，搂着催眠的清风，打开季节的醇酒，煮一锅彩色的空气入宴。兴致所致，居者把灵魂卸下，打造了一千个春梦，让雁群和惠风快递给远方的情人！

敞开的窗，是居者乌黑的眼，饱览奢华与沧桑。也是梦想和希冀的通道，连接着驿动的光纤。每每晨暮，夕阳与皎月像缠绵的情人，无数次地溜进那扇神秘的窗棂，恣肆放纵着酒醉金迷。一清早，才跌跌撞撞跃上山岚。

呵呵，在秋的东篱下，推头望山，那是大自然不经意撩开的少女衣襟，那是少妇石榴裙裾的一抹彩霞，那是千万只孔雀开屏的迷彩斑斓，那是地球母亲精心卓制的一套时装。它们被露珠反复漂洗，被岚雾反复过滤，被阳光反复桑拿，被季风反复梳理，活化成沉积自然元素的鲜活标本。

青纱帐里，鸡鸣狗吠，松鼠蹦跶，秋蝉吟哦，峰蝶热舞，金蛇蛰伏，交响着生命的律动与物种的和谐。天堂在何处？归隐桃花源！生活在这里，灵魂可以佛化，躯体可以长生，心灵可以起舞，梦想可以飞天！

“孤莺吟远墅，野杏发山邮。”久居城垣、饱受喧嚣与尘埃蹂躏的生灵呵，赶快把那干枯憔悴、疤痕累累的基因打一个包，快递到山居仙境的生命处理中心吧，山居秋暝将还你个鲜活的再生胚胎！

原乡的脸谱

雨水研磨沧桑顺着粉墙进行印象派创作。湿气滋养甲骨文向上攀爬撰写石壁史记。青苔联合爬山虎执意给门窗贴一副春联。光阳握着霞彩之笔紧贴墙石描眉粉脸。尘埃扒开缝隙寻找搭窝之处。流风微醺浪迹瓦楞晾晒身子。谁在雕刻岁月重彩版画？

古拙的石厝，沉浸在岁月的长河中。虽非秦砖汉瓦，商彝周鼎，却悍风障雨，匝地儒风。寄托前尘影事，阅尽坊间万象。如今沧桑中力透矍铄。杂芜中尽显规则。扑野中凝聚神韵。落寂中勃发活力。每一片瓦都是一本书，每一块石都是一个博物馆。每一扇窗都是一部影碟机。光阴流逝了，石屋的肌理纹路却在时光的底片中愈发清晰，一如古希腊神庙的魔幻风骨。

梦一样依稀，水一样清柔。曾记得，石的围城里，几回回瓦屋下听雨，看慈母老花镜下秉烛穿针，闻柴扉灶台烟熏火

燎，听鸡鸣狗吠燕子呢喃。那锚定族根，颖灵桑梓，滋养生命、泽播千秋的故土啊，曾何等强烈地牵扯着游子的生平守望！人，一代代故去了。家，仍是那个家。触摸先人几近失传的作品，俯拾墙角圪垯遗落的童话，灵魂便充溢着石屋的秉性，思想的根便挣不脱原乡的锚地。

一对孩童走进原乡院落，如同穿越历史。那窄长的窗，是月光的漏斗。那斑驳陆离的墙是集结的积木。敲开岁月重门，他们在古井里打捞父辈遗落的童年，寻觅姥姥丢失的豆蔻年华的花瓣，收受蚊虫叮咬的瘙痒风包，给一窝忙碌的蚂蚁盖一床沙的被子，为屋檐下的菜畦撒一泡尿。原乡真好！可以体验一种解放，种植一片天真，放牧一片任性。可是，还有多少童年在此生产，还有多少童年的原色未被漂白？

石阁凭高望，烟波凝一色。石与石的堆砌，瓦与瓦的迭叠，檐与檐的衔接，窗与窗的列陈，华构一处历史风物。恰似刘禹锡的《陋室铭》：斯是陋室，惟吾德馨。苔痕上阶绿，草色入帘青。沉默是一片天涯。或许，若十年后，那些象征现代文明的钢筋水泥都将成为垃圾如恐龙灭绝而去。人类真正能够给自己留下的就是这份呼吸着自然空气的简陋遗产，从而支撑似水流年，挽救往来不绝的生灵！

龙脉

无尽的苍茫，曝光亘古的混沌。浩瀚的飘渺，传真旷世的迷幻。苍山如涌，稠云如海。一张黛色的斗篷覆盖了时空的酮体，孵化出风生水起的世界。一种至高无上的灵魂，隐于黛野仙踪，被人类的一个族群图腾。

苍穹下，一个静谧而又喧嚣的宿命之国。在此万物灵动的诡秘之界，谁深藏不露，在山里水里一卧千年万年？谁能识破玄机，踏破山阙，获得神授？五千年的风月，五千年的梦幻，五千年的守望，让一种朦胧渐成清晰，一种崇拜渐成情结，一种幻象终成风骨！出神入化的龙，冥冥之中给华夏子民烙了胎记，从此便有了龙的传人！

栖于逶迤绵延之山脉，隐于吞天拂地之祥云，卧于大野仙踪之迷津，神龙存于风，附于雾，濒于光，临于水。时以爆一记惊心动魄的闪电割裂长空，时如化石般静卧于古长城抚日把月。昨日酒酣，挺脊珠穆朗玛

仰天长啸，“搅起玉龙三百万”。今日豪迈，汲水黄河饮马长江，“摇落长虹浸绿蓝”。龙吟大野，盘旋泱泱华夏，叱咤神州风云。坚我巍巍脊梁。壮我飒飒风骨！

如海的雾，深锁如涌的山。莽原深处，地火在燃烧，生命在律动。蝉在招亲。虎在决斗。蛇在赌博。雷电在钻探。冰川在流产。森林在选美。江河在开设银行。时光在收购历史。蛰伏的龙在修炼。无际的云在护卫。不要惊动它，不要算计它，不要亵渎它，不要侵扰它。高远的天宇，陨石投下一个机密，被现在与未来破解：龙的基因已经传人！龙的传人睡狮已醒！龙的世纪即将到来！

问苍茫大地，谁主沉浮？历史老人秘而不宣。寥廓大野，一脉江流弹射着阳光，迸足奔腾不息的生命强劲向瀚海进发，发端于千山万壑的无数水系组成势不可挡的矩阵在浩渺的天宇下集结。阳光为之开路。流云在后收官。寰球为之瞩目。那是龙脉在蠕动。那是热血在沸腾！大风起兮龙飞扬，横扫千军如卷席。数朗朗乾坤，观茫茫儿派，龙的传人坚龙骨，伸龙腰，挺龙脊，吐龙气，扬龙威，九万里风鹏正举！龙的子民执神州牛耳之气势，握全球凉热于股掌，挥雷霆万钧于大地，唱不尽大江东去浪淘尽，千古风流！

洞箫，二十四桥

一枚冻在梦境的胚胎，在秋夜迷离的月色下蠕动。那是唐人杜牧种下的情种，从酣睡的记忆里醒来。今宵，无边的夜为一座桥，省略去多余的世界，屏蔽了所有喧嚣。冷寂的月，掰了一半抛入湖中，立即点燃寂静的湖水。被煮沸的情绪开始传染。湖的体温急剧攀升，幻化出一种包围，为浴洗凝脂的卧波垂虹施放烟波，制作朦胧。迷幻张开羽翼，传播混沌。在氤氲的熏蒸中，桥以一种圆润的丰满和迷人的曲线芙蓉出浴，与顶戴花翎的角亭融为一体。青青的柳丝为天幕结挂流苏，在夜色中站成侍女，与无数屏住呼吸的野虫共同等待一记历史的洞箫！

风，撞响角亭上铃声。于是，一记穿透时空的洞箫，复活了一段千古奢华！瘦西湖畔，熙春台边，二十四桥，笙箫悠扬。“朗朗明月执玉盘，莹莹玉管执玉人。”披着银辉的隋炀帝，偕冰清玉润的二十四佳丽宫女，从隋唐走来！且歌且

舞，悦语欢声，歌舞升平，如痴如醉，好一出香艳绝唱！

时光轮回谢幕。帝土香女隐去，拎着唐月的杜牧、韩绰乘风而来。那一记清幽箫声重起。靓影在款款盈盈中宛转，余音在倒影婆娑中悠扬出韵。又见玉人才俊，玉佩重振，疏影暗香，风资绰约，蔚为美好。清风明月，洞箫如诉：“青山隐隐水迢迢，秋尽江南草未凋。二十四桥明月夜，玉人何处教吹箫？”

历史一泻千年。二十四桥早颓圮于荒烟衰草。岁月淡去，风月坐下。那颗存在梦中的情种，在岁月的试管里长大。想象的潮汐，一如仲秋大潮，时以漫过遥思闸门，牵引缠绵魂梦，让无数风流情种为之痴狂迷醉，不绝如缕。

月夜幽独，二十四桥云水花月情韵犹存。驻足回眸，玉人昔是谁，红芍今何在？问角亭瓦楞可刻有袅袅余音？白玉栏柱还记得玉女香风？青石台桌遗落过酒韵茶风？曲桥流觞收藏了岁月脚印？大多游丝令斯人幽思悱恻。“旧时月色，算几番照我？”总想拾点艳遇。总想鼓翼穿越。朦胧迷离中，悠然想起姜夔《扬州慢》：“二十四桥仍在，波心荡，冷月无声。念桥边红药，年年知为谁生？”恰衬出此时心境。红萼无言，幽韵冷香。扬州有太多的风流。二十四桥有太多的念想！

大漠种梦

赭色的恢弘，把大漠的阳刚张扬。丝滑的曲线把戈壁的婀娜尽情绽放。那是成吉思汗坚挺的脊背，还是楼兰新娘裸睡的绵柔？那是丝绸古道的无垠驿站，还是边关风月的不朽流觞？

太阳，抛下一条不可逾越的魔线，让沙宇铁褐色的肌肤交织于金色的柔软，把一半烈焰和一半冷凝溶铸成城，固化成塑。于是，沙粒的灵魂被一网打尽。岁月从黄沙腹中穿梭而过，大漠沉浸在煎熬的炼狱之中。蛰伏了千年的阴影，磨了一把锋利的剑弩，依托沙的满弓，射了一次天狼！它想得到那枚爱恨交加的烈日！它想找回楼兰古城那片魂牵梦萦的绿茵青翠。可是，迁怒的太阳给予了最残酷的惩罚！

火辣的烈日破译了沙的基因，狡猾的长风抛出了粉色诱饵。二者联袂把水从沙宇深闺诱走挤干，红颜绿韵纷然离异而去。风，便成了教父，掌控着沙的灵魂与躯体。失去滋润的沙漠变得暴戾无主，时

以激情燃烧，时以沉醉酣睡，受制于风的魔棒之下，完全做了风的奴隶。虽几回回酒醒起，却是英雄气短英雄泪！

人类，如同爬行的蚂蚁，在光与影的沙的脊背上行走，在历史的回归线上徜徉。他们踩着古生代恐龙的脚印，踏着张骞商队的足迹，去淘一宗商周的古陶，找一片秦砖汉瓦，寻一丸古波斯驼队马粪，觅一个唐风宋韵遗梦。他们趴在那片富有弹性和质感的沙宇肚皮上，倾心静听刀光剑影的历史回声，嗅闻来自沙海深处的酮体沉香，体验经年流逝的岁月体温，接受上帝光阳的炙热剃度，播种或埋葬一个绿色之梦。一个行者，站立于沙海之巅，向长江、黄河呼唤，向亚马逊、尼罗河播发通知：关于古城楼兰，一个等待春天袭击的高端峰会！

一行驼队，承载着现代的浆果和文明，用生命作盘缠，穿越灿灿时光，穿越漫漫黄沙，穿越悠悠岁月，向历史深处虔行，追踪远古消失的绿洲。巡游的飞天落下几点汗滴，洇绿了沙海的几丛绿荫。凝固沉寂的世界顿生清新与希冀。伴随千年胡杨，它们在沙的背影里，站成永恒的等待和无边的怀想。几声清脆的驼铃，链接成一行颤栗、狂烈的音符，摇醒沉睡的戈壁大漠。蓝色的天边飘出几片白云，那是大漠的灵魂挣脱桎梏在轻舞飞扬！

土楼怀想

远古走私的一缕晨光，拂过雄浑的山梁，偷了一个氏族的梦。躺在山的怀里，搂着春天惺睡的土楼，犹抱琵琶半遮面。依稀记起，昨夜梦断：苦难，追赶着一代先驱举家南进。中原那把经年不熄的战火溅落一片火星，烤出闽西南崇山峻岭的一片圆形大堡。

一个圆，把一个氏族定根盘落。迁徙者坐拥龙脉，比照太阳模样围楼造屋，依照月亮面型楼中凿井，用坚韧与聪颖凝固乐章。于是，那圆形大堡便储存太阳，吐纳月亮，容留星辰，收割彩虹。从此，圆在这里五谷丰登，六畜兴旺，星罗棋布，生生不息。圆里孕育生命线，生产精气神，孵化价值观，酿造凝聚力。时光淘洗历史，淘出一部出师表，淘出客家人拓跋世界的骇世恢弘！

山水凹凸平仄了岁月的韵脚。惊诧于地表上的那片圆，沉寂的流云，派出风，派出雨，一次次造访圆的营盘，急于探究

圆堡玄机，急于解密这个让外星人也颇感神奇的百慕大酷堡。趁着圆里人家晨间开门之机，跟踪盯梢多时的流云潜进探察，饱览圆里廊柱、中亭楹联祖训，宗祠题匾，顿时幡然大悟：土楼，是上帝撒的一把草籽，种植着客家的萌芽。数百年来，客家人把太阳别在腰间，提着月的灯笼走南闯北、辛勘拓荒，崇先报本、海纳百川，把苦难抛在风中，把灵魂种植于五洲四海，把辉煌写满异国他邦！圆的围城，原是高尖端的芯片，链接着地球村数以亿计的具有客家基因的相思与梦萦；圆的深井，源源不断向世界各个圪墶发射着文化酵母和中国梦；圆的鸟巢，存放着无数游子的心灵之根！

开刃的风发现某种诡异，悄悄割破云的秘密。得意的雾匆匆撤退，乘机狂饮数十缸客家陈年酒酿，顿时媚态十足，在山的怀里撒起娇来，且歌且舞，袒胸露怀，影影绰绰，频抛媚眼。一时间，田园被蒙在轻纱下，溪流被罩在裙裾里。大山坐怀不乱。吹了一口气，把浓雾揉韧收起，拧一把给土楼做了炊烟，剪一片给太阳做了哈达，留一方给绿林做了毛巾，余下的做了自己的披风。于是，山梁、云雾、圆堡凝成一组天作之合，在岁月的流风中禅化成恒久风流！

雪的禅修

冬，酣饮秋的硕果，瞬间变得超然强大。一掀盔麾：把太阳挡了，把白云捆了，把黑暗绑了！雪，便君临天下，一泻千里，瞬间把世界执掌于银装素裹之中。

一支雪的部队，被佛约谈，厌倦了横刀立马、纵横捭阖，不再叱咤风云，在一记古拙苍凉的柴扉集体皈依。世界由此静谧。柴扉四透，蓬荜皆空。木桩摆开禅修的道场。栅栏结挂祈祷的心灯。屋顶晾晒浮躁的湿气。雪的精灵，千军万马遂成虔诚朝觐者，纷然入定，纷争坐禅！没有檀香经轮，没有烛光红幔，唯有时间的针脚打结着朝圣者的千般夙愿。

雪，静静落，纷至沓来。带着愿，带着诚，几经落定，前仆后继，凝结缘聚。几回回作揖叩首，几回回诵经祈祷。天宇纷纷浪淘尽，淀千古风流。佛在空灵处禅坐，听雪花落地，观精灵悟道。那夜雪霁，佛把时空定格，点一记清幽钟声，授一神秘符咒于清野。朝觐者梦回神回，一

袭雪莲清香幽幽飘忽，顿觉世界万象更新，生命已转化为一种新的里程！

且看那木桩上，禅修者缘聚缘散，尘起尘落，在刀锋剑戟之巅修练正果。一个个圆，把日月星辰打包，把佛法天条蕴藏，把希冀梦想寄寓，把功德圆满举过头顶。屋顶上，集结者以融化生命的绝唱，铸造普度众生之诺亚方舟，让苦海给彼岸开一艘班轮。栅栏上，朝圣者通体剔透，叠成千层哈达、万层云缎，被佛的意念印刷成浩瀚的千古经书。一道斜阳承载佛光，点验禅修正果，给雪国柴扉盖一个佛缘收讫印戳。落地的雪，忙于寻找转世灵童。静待光和热的收储，期盼着来年的集结和佛缘！

禅修的雪呵，千万颗精灵一个个圆。佛的洗礼，禅的入定，幻化了荒野柴扉的高洁神奇。阳光为此屏吸，朔风为此抿嘴，时间为此慢步。可是，一不小心让一只衔着菩提种子的春鸟钻进了圆的怀里。于是，春在雪的胞衣里蠕动，了在雪的温床中萌芽。待到春啄破冬的躯壳，真应了叶绍翁的《游园不值》之诗意：应怜禅修印苍凉，雪压柴扉门四开。满园寂静关不住，一枝菩提出墙来！

柿子红了

柿子红了，哼着一支歌，眼睛溜溜地挂在秋风里。坚守着古典意蕴的情节，枝头缀满水汪汪的守望。你在等待吗？从青涩一步步窖出，采草木菁华，凝四季甘露，卷万缕佩霓，储日月光彩，你几回回里蝉蜕嬗变，结成一枚枚血红的爱情。望老树怀英，垂琼欲滴；品厚重情愫，浮动暗香。我魂儿飘起，心跳不已，泪眼迷离。一袭丰满红颜，一记甜蜜尤物，一个秋水伊人，从此若灯盏永远结挂在心灵深处！

你是如此的红润，你是如此的珍淑，你是如此的璀璨！当乡村的葡萄被城市榨成干红，肢体流血；当熟透的橘子被欲望掰开橙色的裙裾，春光乍泄；当鼓涨的石榴被贪婪挥霍，始乱终弃……对于你，我有一千个担心，一万分牵挂。

我担心风的躁动与粗鲁，会掀落你那挂在枝蒂上的胚胎，酿成生命的流产；我担心朝三暮四的光阳，会占有你那冰清玉润的躯体，失去与生俱有的纯洁；我担心

贪婪的尖嘴鸟儿，会啄破你那粉色的蝉衣，吮吸你熟透的乳房；我担心可恶的臭蝇会对你施暴，在你腹中留下孽种；我还担心你打熬不住，等不到白马王子，就嫁给了老气横秋的款款黄土！

秋色伊人，在树一方。我多么想，采一片阳光与彩霞织一件婚纱，穿在你的身上；我多想骑一匹神行白马，驮九千九百朵玫瑰接你回家；我多么想敞开心灵的酒窖，让你落在怀里久久淀酿；我多么想把你含在嘴里，种在心里，让青春醉倒在你的魂里魄里！或许，这一切都将是难以承受之重。那么，我希望你永远是偶像，永远是梦幻，永远是念想，永远是矜持！

故乡的矮墙里，透出依稀的窗口，收藏着你的童年。斜阳把季节握在掌心，给日子发放通行证。一群雀儿紧拽秋的衣角，衔一帘幽梦，把阳光剪裁成碎片嬉戏，追逐于你的倩影，蹦跶于红颜香颈之枝头，在瑰丽中选美。一身烧红的酒

气，吻了你的脸蛋。秋风为此睁大关切的瞳孔，晚阳为此眨着风尘的睫毛。老树伸出慈父般苍劲的手拽住你的胳膊，把一串叮咛深深嘱托：最是一年秋好处，悲欢离合总关情。声色犬马堪自重，生死轮回恃天性！

柿子红了，心也静了。别逼我说出绿的下落，别问道芳果垂琼的归宿。最美总在岁月深处。寂寥总占天边华美。道一声珍重，沙扬娜拉！

时光深处

一片陨石的殉情，抑或一颗彗星的热吻，让蓝色星球生发 次脱胎换骨。眼前兀立的巨仞，是地球某次分娩落下的胎盘。千百万年时光荏苒，仍旧保留着血色的鲜活。贴近那片殷红，透过岩页深处的细密纹理，依稀可感那远古流淌的生生不息的一脉脉骨血。

这里，收讫古蓝藻的起伏、列陈微生物的爬行，挤压三叶虫的盔甲、尘封恐龙灭绝的秘密，藏匿人类进化的机要，记载浩瀚世界的年轮。掐一粒齑粉，就可能触摸到类人猿的体温。哈一口水气，就可能生长出所有的预言！

阳光穿过峡谷，探查沧海桑田之巨变。时间凭借鬼斧神工，在莽岩深处占山为王，打磨一座暴戾的围城。风雨执掌剑锋利齿，在沟壑皱褶落草为寇，层层剥落巨仞的皮肤。黑夜悄悄抢夺时光，让阴影一次次拉上天幕，几欲盗窃时间的钝刀。可惜烈日泄了机密。于是，莽岩终未挣脱奴隶的宿命。峡

谷处于战乱之中。渐变终于不可逆转！

人类，一枚漂浮于星河世界的宇宙之卵，穿越遥遥光年，有幸附着于地球这颗蓝色星球。几千万个历史轮回，终于风生水起，进化成智慧存在。如今，徜徉在幽邃的峡谷，仰视莽岩化石般的面孔，内心充满敬畏与震撼！思绪把瞳孔抛向天空，激情把目光扎进岩页，怀想把日子一寸一寸焊接起来，接通了时空链的多米诺骨牌，顺着倒伏的导航，极力搜寻着自己的来处，搜寻着人类供奉圭臬秘笈的祭坛！

在这个世界里，人类是渺小的。时间是最坚硬的利器，任何高傲与自负都经不起它的切割。任何不可一世的风物都将在它面前败下阵来。沧桑中，峡谷撩开一角内裤，莽岩便亮出天体博物馆与哲学家的凝重。人类，看一眼它的面孔，就会找到自己的定位，认知自己的愚蠢和无明，从而崇尚自然的无垠与不朽!

阳光打开黎明，把光和热注满峡谷。世纪的风，给莽岩巨仞斟一杯酒。风干的恢弘，渐渐醉红了脸。沉寂的峡谷融入了生命的律动。走在静态与渐变，恢弘与渺小，永恒与短暂的结合部，人类深深地感受到一种顿悟。几世轮回堕尘寰。质本洁来还洁去。剪一片春光为衣，抚一轮红日为骥，走过风月，走过沧桑：让规律归集无序，让历史告诉未来!

灵魂的化石

黄昏的野地，站立着灵魂的化石。毁灭的零乱，被人为整理，勾勒出依稀的辉煌。残存的门楼立柱，沉寂于世纪之觞，被岁月长河的福尔马林浸泡，愈发惨白，已风干成标本。精美绝伦的断裂，飞雄流秀的灰烬，玉殒香消的血迹，成为一代王朝的殉葬。

风化的骨骼，执拗地伫立着，冰冷的眼神，被沉痛打磨，淬成刮骨的锉刀。凝固的伤口，血已流尽，结痂成屈辱的十字架。铁蹄、屠刀和烈火，撕裂一个民族的自负。惨烈的涅槃，烧出几颗舍利，凝成不屈灵魂的集结。腐朽的显赫，溃疡的历史，破碎不堪，晾晒在无盖的祭坛上。几丛青草，作为后来者，懵懂着从石缝钻出，想在无字碑上刻些感慨，却是欲哭无泪，无言以对！

硝烟消散，野地死寂。有几块石头站着，就有一座灵魂的祭坛立着！就有一座刻骨铭心的纪念碑立着！就有一柄达摩克

利斯剑在头上悬着！对于一个民族，不幸与大幸只有一墙之隔。把腐朽与自负钉在耻辱柱上，把忘乎所以如肿瘤剥离神经，伤口才能长出记性，血管才能清除鸦片，头颅才能种植真理！君可听到无声呐喊，望见星火灼燃，感受抗争律动？

弥集的夕阳，割破晦暗，给苍白的廊柱晖镀一抹血色，为天宇下站立的灵魂制作人类遗产，也为这不屈的风物注入一种生命的热量。远处的乌云与黑暗盘踞于多欲的夜色，把野心磨成利爪，随时准备泼洒贪婪的大麾，包抄夕阳的光焰，把落日拖进黑洞。觉醒的石柱承接夕阳的光线，百感交集。丛林法则没有改变。屠刀注定青睐羸弱。苍天不受理控诉。强盗不相信眼泪！

“一曲悲笳吹不尽，残灰犹共晚烟飞”（李大钊）。凝固的是历史，流动的是存在。落日的辉煌，落尽沧桑，却未落尽声色犬马。看如今百年祭坛，游人如织。可有多少为之忏悔，为之祈祷，为之震撼？虎狼在前，红尘补不了天。正义与良知素来生于忧患！惊愕于灯火阑珊处，有人隔江犹唱后庭花，残疾的圆拱，铸成惊天问号，立于文明路口，拷问理性，拉响警钟。悲壮的立柱，把一杯血色流觞举过头顶，祈请一记劈天的雷，轰击麻木的神经，点燃永世的火把，照亮人类灵魂的航程！

流花隧道

一排古树，在天国一隅坐禅。时空的马从其腰间钻过，日月的梭从其指间穿过。弹指千年，坐出一片壮美无言的永恒。用身体搭构华盖弧拱，用身体鎏金流秀，用身体滋养葱茏。巧夺天工而不奢华，飞雄朴拙却不简陋。一种发端于自然的视觉盛宴，被佛界收藏！

流风，向时空告密，被历史窃听，瞬间心弛神荡。于是捷足先登把胡须寄生在古树的脸颊上。暮伏晨出的露，被虬髯截取，串成银色晶莹的流苏，结挂在恢弘的流花隧道。绿色的爬藤，把青春晾晒于树的脊背，以翠绿的鳞片雕梁画栋，用美人鱼的身段依偎啃老。朗照的阳光被密匝的枝叶切割，成流星雨纷然洒落。焦黄的落叶搬运迟暮的秋天入土，为季节铺展一条质感的地毯。鹅茸的青草抛头露面，捡拾一串时间的脚印。

暮春向初夏交接按钮。囚禁的宁静与凝重，因了某种解放而喧腾。风情婉约的杜鹃，在大树下高举火把，把汹涌的激情燃

烧！生命的殷红，散发出别样的醇香，醉了空气，在宁静与热烈中拱簇一道彩虹之门。一座树的宫殿，一条流花的隧道，一条青草与落叶交织的生机，伸展出无垠的魔幻与意象。

远方，隐现一道太极与飘渺。那是人类落足之地？还是梦中海市蜃楼？那是伊甸园、梦幻岛、爱情海，还是天堂国、古教堂、函谷关？当年的老子和耶稣是否从这里走过？谁能有幸走进流花的站台，搭乘那列通往天国的快车？

古树苔深，流红正艳。无花的大树，顿悟于浮云沧桑，世事衰荣。盘点曾经的年轻，深慕杜鹃的青春情愫：可以把艳丽的胸衣结挂在开放的阳台，可以把心灵的躁动摇滚于荒野，生命由此本真而出彩。红尘中的杜鹃则深情仰慕大树的那层铁色，那种顶天立地的坚硬。当绿色的爬藤把乳房贴近树的胸脯，仍能坐怀不乱。何时能修炼到此种境界？在这里，沉寂与热烈，铁色与殷红，静谧与躁动，阴柔与苍劲，一切的美，集合成太极幻境，让人类无法企及。

美是难以包藏的。风，既能向时空告密，也保不住迟早不向梵高、毕加索、列维坦告密。好在剽窃永远只是模仿。自然的美只能被发现，而不能被搬运。真想变成一只九色鸟，求一张门票，瞅一眼这旷世的绚丽，从而让记忆涨潮。如有奇缘，走过流花的隧道，一了廊桥遗梦！

母亲

野外的时光，被母亲劳作的围裙兜着，一不小心落进那口传世的铁锅。蒸煮的日子，改变了流速。疯长的进化，由此放慢脚步。被飞梭绑架的世界，也为锅台下那脉远古延续的灶火所解救，重获原生态的自由。

火焰与铁锅相依为命，喃喃讲述着原始爱情。风干的柴禾在火坑生产温暖，传承宗脉，点燃历史路灯。母亲蒸煮日子，蒸煮世事，蒸煮生活的酸甜苦辣。一双筷子，夹起白昼，夹起夜晚，夹起春夏秋冬，夹起一个家族生生不息的薪火相传。蒸腾的水雾，散发着岁月沧桑，也把瑶家的人生百味释放。落筐的野菜，在火锅里净体，准备与五谷开始一次献身于人类饥肠的旅行。断奶于秋天的南瓜，挺着肥硕的肚子，正在减肥。陶罐无言，腌制着瑶家陈年大事，与落尘交接档案。墙角的木桶已有身孕，盼待年关节庆与祭祀分娩陈酿。

削壁围墙，凿洞为居，家徒四壁，刀

耕火种。粗布青衣的母亲啊，坚守着最纯洁的素的欲望。在这里，煮一把空气可以充饥，剪一片春光可以裁衣，采一把野菜可以生存，割一捆苇叶可以当床。挑开门帘，就能流进阳光和雨露。掀动铁锄，刨一垄地，就能翻出五谷杂粮。母亲骑着时间的白马，从少女向老妪迁徙，把生命打造成食物、衣袜和思想的钙，把乳汁交给了儿女，把缠绵交给了丈夫，把风采交给了磨难，把门牙交给了岁月！泥墙上的斑驳，叠印着一枚枚勋章，结挂着清风、明月、阳光、季节的倾情授予！

“低徊愧人子，不敢叹风尘”。光阴沉淀。考古沧桑，最是那一尊慈祥，那一份淡定！屋不在奢，有火则暖。家不在赫，有母则安。故土陋居，安贫乐道。生活原来可以如此简单。有一仓儿女，有鸡鸣狗吠，有空山鸟叫，有五谷醇香，人世间的所有美好都可以睡在富足的记忆深处了。

太阳卖了白昼，月亮赎回夜晚。周而复始的日子，在烟熏火燎，五味杂陈的古屋锅里翻炒。母亲揭开锅盖，让炉火驱逐浮躁与虚荣，把取之原生态的精气神炖成主食。一只小狗在反刍日子，揣摩生活的滋味。满足使其富态。一炉灶火，熊熊烈烈，把根扎在地核深处。接了地火与地气的主人，与自然同源同生！

大红袍礼赞

为了那个经纬度，天神测算了几亿年。渐变，把海底抛向武夷。当抬升的丹霞张开皱褶，九龙窠被一锤定音。大红袍，一颗孕育了千年的种子，在地球周而复始的旋转中，以一种精确的抛物线在那道神奇湿润的夹缝着床。

侏罗纪的风，作为陪嫁，与雨为伍，终日剥砂离砾，为一种生命奠基。季节在这里值班。春执淙淙涧水为鞭，放牧绿的云蒸霞蔚。夏揽花团锦簇入闱，于绿野荒踪熏香焙芳。秋在荆扉茅檐晾晒草本岩韵，筛选鸟语虫吟。冬骑清风明月，驾驶珠露，飞舭流韵。山涧深处，壁悬苔深，古木花林，槿篱蒲蔓，紫萼茅径，桂风竹影。在净化的仙境中，崖上尤物长成葱茏。

几多岚露，几缕阳光，几重氤氲，几度炎凉。在这个溢香流黛的夹壁，风在调理阴阳，苔在监测生态。恢恢巨仞把雄浑袒露，绵绵爬藤把阴柔包容。一脉天上之乳经年滋润，一道天机之穴固本存元。断

裂凝苍凉于一炉，夹缝拥弥合于一体。大红袍把根扎在远古岩页深处，把神嵌入丹崖砂石之核。汲天地之灵气，取日月之菁华，承接着九龙窠仙踪旷野的涵养，在阴阳太极的结合部化蛹为蝶，款款若仙。

日光辗转，花间夜夜露，林下日日风。崖上母树一坐数百年，已坐成菩提。时间在她的枝梢溶化，历史在她的根须沉淀。垒砌的石栏是堆积的蒲团，茵翠的绿叶是羽化的莲瓣。茗生此中石，韵从岩中流。她把自己修成禅的容器，呼吸千顷惊涛，吐纳万里云海。抖素蕊，香雾迷薄月。积落英，幽从醉流风。大实若虚，大美若拙，大繁若简。一种超然厚重浑然载物，玉汝天成，玉树临风。

菩提本无树。陆羽本无经。世间本无意，此物最通灵。茶为道，红袍一味，万古源泉长不息，慧生灵，把凡尘忘。须结缘，草寮下，抚一轮斜月，卧听疏风瑶琴。铜壶高冲一鉴开，天光云影共徘徊。饮琼浆。豪气满，醉流风，向瀛寰，意苍茫。杯中，岩骨花香，万种风情，生命在解码。正所谓，歌咽水云凝静院，梦惊松雷落空茗。饮之，一啜三叹。一梦千寻。思也纷纷，梦也纷纷。茶烟起处落花风，绿扬青嶂卷尘波！

后记

岁月如河。有些沉淀，不去触及它或许臻于宁静，一旦触摸，就可能引发心海潮涨。这个集子的第一篇章，岁月屐痕人生写真系列，便是心海潮涨遗落的几枚斑驳贝壳。

1997年年底，本人从部队转业，在等待到新单位报到的半年多时间里，几回回往返于故乡，在那炊烟倚风缠翠枝，野草杂花伴虫鸣的老屋闲住数日。闻着故土渐去渐远却又愈来愈浓的熟悉气息，往日的情怀怦然萌动，一种急于言表的情结却上心头。于是，在老屋窗口那盏小灯前，我咀嚼依稀旧梦，一气写了十几篇纪实性“写真”，散发于一些刊物。到了新工作单位后，先在省局机关，后又到设区市局工作，其间本想再续“未了心结”，无奈一忙起来，便丢下了，这一丢就慵懒弃笔，故这组所谓“人生写真”也不过是顺手捡起的几枚贝壳罢了。不过，留下的或许是最具珍藏的意味。情感既已作出选择，余者无须累赎。有道是，空灵方显写真，留白隐含全景。

这个集子的第二篇章，嫣然景致游动的意象系列，倒是偶然所得。2011年年底，本人从基层回到省局工作。期间，《海西税务》期刊主编顾志珊先生给我下了一个任务，希望我为该刊每期封底写一篇美文，专设栏目为“景·致”。“景”为每期一帧精美图片，“致”则要求是一篇具有思想艺术内涵的“看图作文”。根据顾主编量身定做并每每催促，我不得不“童孙未解学耕织，也伴桑阴学种瓜”写起意象散文。如此断断续续写了近三十篇，再不敢造次，就此搁笔。

值得一提的是，这个集子里，辑一所穿插的不少图片，多为顾志珊先生等亲自陪同我先后多次重返我的老家一处一处寻找“挖掘”的。永泰县几位同仁朋友也给予了很多帮助。辑二“景·致”系列的精美插图为本书增色添彩，正是这些精美的图片触发了我的灵感，点燃了我的激情。这些图片的作者有税务系统内的同事，也有系统外未谋面的作者朋友，其中有许赞霖、林琼、陈爱珠、杨剑、陈文雄、叶守光、张孔院，陈自柳、曾盛勇、丁海平、应田丰、黄辉、施维天、范永秋、吴心正等诸多摄影家朋友，在此一并致谢。

本书的出版，得到海风出版社领导的亲切关怀，赵若飞先生、梁希毅先生参与策划指导，著名作家、福建省作协副主席朱谷忠老师在百忙中拨冗为本书作序，责任编辑邓婧女士加班加点看稿审稿，在此一并深表谢忱！

作者

2015年11月于福州

图书在版编目（CIP）数据

心之野 ：雷致青散文集 / 雷致青著. --福州：海风出版社，2015.12
ISBN 978-7-5512-0197-1

I. ①心… II. ①雷… III. ①散文集—中国—当代 IV. ①I267

中国版本图书馆CIP数据核字（2015）第279435号

心之野——雷致青散文集

雷致青 著
责任编辑：邓 婧
出版发行：海风出版社
（福州市鼓东路187号 邮编：350001）
印 刷：福州德安彩色印刷有限公司
开 本：787×1092毫米 1/16
印 张：12.25印张
字 数：148千字 图：84幅
印 数：1-1000册
版 次：2015年12月第1版
印 次：2015年12月第1次印刷
书 号：ISBN 978-7-5512-0197-1
定 价：48.00元